Paul Y. F Lee

Lesões musculares desportivas e Actovegin

Paul Y. F Lee

Lesões musculares desportivas e Actovegin

Fundamentos, conceitos e futuro da Actovegin

ScienciaScripts

Imprint

Cover image: www.ingimage.com

This book is a translation from the original published under ISBN 978-3-659-83180-5.

Publisher:
Sciencia Scripts
is a trademark of
Dodo Books Indian Ocean Ltd. and OmniScriptum S.R.L publishing group

120 High Road, East Finchley, London, N2 9ED, United Kingdom
Str. Armeneasca 28/1, office 1, Chisinau MD-2012, Republic of Moldova, Europe
Printed at: see last page
ISBN: 978-620-8-30211-5

Índice:

Lesões musculares desportivas E Actovegin

por

Paul Yuh Feng Lee

MBBch, MFSEM (Reino Unido), MSc (Medicina Desportiva), PhD, FEBOT, FRCS (T&O)

Avançar

As lesões musculares são lesões muito comuns relacionadas com o desporto. Resultam numa morbilidade significativa e na perda de tempo de treino e de competições. O repouso, a imobilização (Jarvinen et al., 2000), a fisioterapia (Cibulka et al., 1986) e os medicamentos anti-inflamatórios não esteróides (AINE) (Reynolds et al., 1995) têm sido a base do tratamento das lesões musculares (Kasemkijwattana et al., 2000, Jarvinen et al., 2000, Taimela et al., 1997). No entanto, todos os métodos de tratamento acima referidos baseiam-se na tradição e em provas insuficientes. Recentemente, foram disponibilizadas no mercado muitas novas opções de tratamento potenciais, que tentam encurtar a cicatrização e acelerar a recuperação.

Em termos de atletas profissionais de elite, a redução do tempo de recuperação pode significar a continuação dos treinos, o aumento dos jogos e benefícios para a equipa e o clube. Em 2008, um artigo publicado no British Journal of Sports Medicine intitulado "The early management of muscle strains in the elite athlete: Best practice in the world with a limited evidence", resumia que, atualmente, quase todo o nosso chamado conhecimento tem uma base de nível 4 ou nível 5. O painel continuou a salientar a importância do regime de tratamento por injeção do Dr. Mueller-Wohlfahrt para o tratamento de lesões musculares. Além disso, o painel de peritos considerou que o regime de tratamento é potencialmente a melhor prática atual e sugeriu mais investigação sobre este método.

Os fenómenos bioquímicos que se seguem às lesões e à reparação do músculo esquelético são impulsionados por citocinas, monócitos e leucócitos. A velocidade e a qualidade da cicatrização muscular dependem do processo inflamatório. Estudos sugerem que Actovegin pode modular significativamente o processo inflamatório. Com base nestes estudos, pode ser desenvolvido um regime de tratamento clínico suscetível de aumentar a potencialidade da recuperação muscular.

Capítulo 1
Introdução

As lesões musculares são uma das lesões mais comuns relacionadas com o desporto. A sua incidência varia entre 30-55% (Noonan e Garrett, 1999, Verrall et al., 2001, Jarvinen et al., 2000). De acordo com a Organização Mundial de Saúde, as lesões músculo-esqueléticas são a causa mais comum de dor e incapacidade física a longo prazo, afectando centenas de milhões de pessoas em todo o mundo (Woolf e Pfleger, 2003). Uma auditoria publicada pela Associação de Futebol (FA) em 2004 sugeriu que 12% de todas as lesões eram lesões dos isquiotibiais, que são 2,5 vezes mais comuns do que as lesões do quadricípite (Woods et al., 2004). Nas duas épocas de 1997 a 1999, foram registadas 749 lesões dos isquiotibiais nos 91 clubes de futebol britânicos (Woods et al., 2004). Isto representou uma perda de 15 jogos por clube e por época (Woods et al., 2004). Números recentes publicados por Ekstrand et al. sugerem que, numa equipa profissional de futebol masculino com 25 jogadores, ocorrem cerca de 5 lesões dos isquiotibiais por época, o que equivale a mais de 80 dias de futebol perdidos (Ekstrand et al., 2011).

As lesões musculares são frequentemente avaliadas e diagnosticadas por exame clínico. A ecografia e a ressonância magnética (RM) podem ser úteis para confirmar o diagnóstico e ajudar o médico a tomar decisões de tratamento. As distensões musculares podem ser classificadas em três categorias, de acordo com a sua gravidade: Grau 1 (ligeiro), uma rutura de poucas fibras musculares, inchaço e desconforto ligeiros, sem perda de força ou com uma restrição mínima dos movimentos. Grau 2 (moderado), uma lesão maior do músculo com clara perda de força. Grau 3 (grave), uma laceração que se estende por todo o ventre muscular, resultando numa perda total de função. Um estudo recente sugeriu que a RM pode ser útil na verificação do diagnóstico de uma lesão dos isquiotibiais e pode ser capaz de prognosticar o tempo de paragem (Ekstrand et al., 2012).

O repouso, a imobilização (Jarvinen et al., 2000), a fisioterapia (Cibulka et al., 1986) e os anti-inflamatórios não esteróides (AINE) (Reynolds et al., 1995) têm sido a base da terapia para as lesões musculares de grau 1 e 2 (Kasemkijwattana et al., 2000). Para as lesões musculares de grau 3, recomenda-se a reparação cirúrgica (Jarvinen et al., 2000, Taimela et al., 1997). A imobilização pode levar a uma melhor granulação do músculo lesionado e promover a cicatrização, mas causará uma atrofia significativa das miofibras saudáveis e rigidez articular (Jarvinen et al., 2000). Embora alguns estudos tenham demonstrado que a administração de AINEs promove a cicatrização muscular ao reduzir a degeneração e a inflamação (Abramson e Weissmann, 1989, Cheung e Tidball, 2003), outros estudos demonstraram que os AINEs são prejudiciais para todo o processo de cicatrização (Obremsky et al, 1994, Mishra et al., 1995, Almekinders e Gilbert, 1986). Recentemente, novas opções de tratamento, como a terapia por injeção de factores de crescimento, têm mostrado bons resultados terapêuticos. No entanto, devido às suas propriedades de melhoria do desempenho, os factores de crescimento e as hormonas anabolizantes são proibidos pela Agência Mundial Antidopagem (WADA, Accessed 21st August, 2012).

No caso dos atletas profissionais de elite, a redução do tempo de recuperação pode significar a continuação dos treinos, o aumento dos jogos e benefícios para a equipa e o clube. Por conseguinte, é necessária mais investigação para analisar as novas técnicas de tratamento das lesões musculares. Em 2008, um artigo publicado no British Journal of Sports Medicine intitulado "The early management of muscle strains in the elite athlete: Best practice in the world with a limited evidence", resumia que, atualmente, quase todo o nosso chamado conhecimento tem uma base de nível 4 ou nível 5 (Orchard et al., 2008b). O painel continuou a salientar a importância do regime de tratamento com injecções de Traumeel e Actovegin do Dr. Mueller-Wohlfahrt para o tratamento de lesões musculares. Este regime de tratamento foi considerado pelo painel de peritos como sendo potencialmente a melhor prática atual, sendo necessária mais investigação (Orchard et al., 2008b).

O principal objetivo deste livro é fornecer provas clínicas e científicas da terapia por injeção de Actovegin para tratar lesões musculares dos isquiotibiais em futebolistas profissionais. No último capítulo, após uma extensa revisão da literatura, serão abordadas outras investigações

Capítulo 2

Lesões musculares, reparação, inflamação

Estrutura básica do músculo esquelético

O músculo esquelético é uma mistura de células musculares, nervos, vasos sanguíneos e uma complexa matriz extracelular de tecido conjuntivo. Uma única unidade de célula muscular esquelética é conhecida como miofibra, que é uma estrutura multinucleada altamente organizada, constituída por microfilamentos dispostos de forma a otimizar a contração. (Figura 2.1)

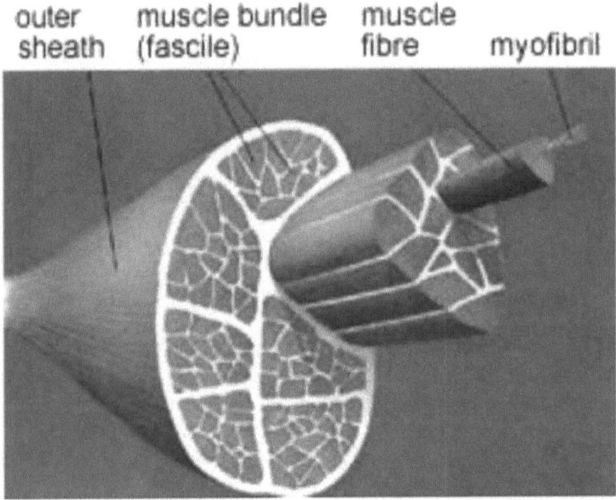

Figura 2.1. Estrutura básica do músculo esquelético (Gregorio e Antin, 2000)

As miofibrilas são compostas por unidades contrácteis repetitivas conhecidas como sarcómeros, talvez as estruturas macromoleculares mais bem ordenadas das células eucarióticas (Gregorio e Antin, 2000). Cada sarcómero é constituído por filamentos grossos e finos, cuja disposição é em grande parte responsável pelo padrão de bandas estriadas cruzadas observado à microscopia ótica e eletrónica (Figura 2.1). Os sarcómeros são delimitados nas suas extremidades por linhas Z, onde os filamentos finos de actina de direcções opostas estão ligados entre si por dímeros de actina (Luther, 2000). As linhas Z estão localizadas no meio da banda I, que aparece mais clara num microscópio de luz e contém principalmente filamentos de actina. Os polímeros de moléculas de miosina formam a banda A, mais escura.

A banda A é dividida por uma região clara chamada banda H, cujo principal componente é a creatinina quinase. A linha M atravessa a linha média da banda H, na qual os filamentos espessos são ancorados por várias proteínas de ligação à miosina. Os filamentos espessos estão ligados a moléculas gigantes de titina que se expandem para metade de um sarcómero, da linha Z à linha M (Figura 2.2). Pensa-se que a titina funciona como uma mola e uma régua que define o comprimento do sarcómero após a contração muscular (Linke et al., 1999), o que acontece quando os filamentos de actina interagem com os filamentos de miosina, de modo a que os filamentos finos passem pelos filamentos grossos em direção ao centro do sarcómero, encurtando-o assim.

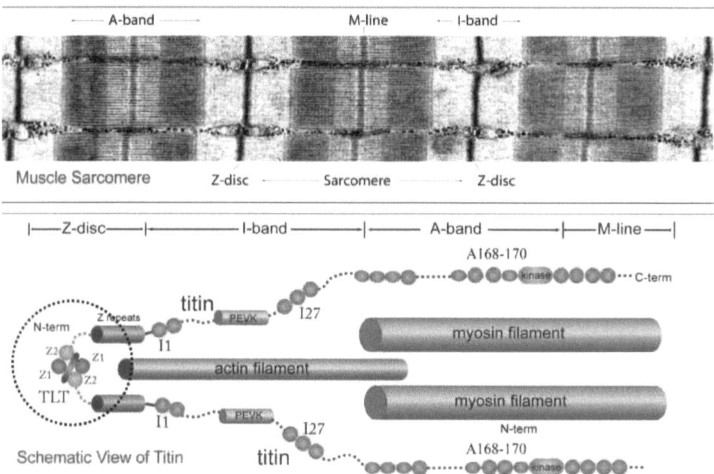

Figura 2.2. Estrutura histológica básica do músculo esquelético (Linke et al., 1999)

Embora todas as miofibras esqueléticas tenham a mesma organização sarcomérica básica, foram descritos vários tipos distintos de acordo com critérios estruturais, fisiológicos e bioquímicos. As fibras musculares esqueléticas podem ser geralmente classificadas como de contração rápida ou lenta, com base nas suas propriedades contrácteis e metabólicas e nos padrões de expressão genética associados (Hughes et al., 1998). Estas propriedades das fibras musculares esqueléticas dependem do padrão de estimulação dos neurónios motores, de modo que a atividade tónica dos neurónios motores promove o fenótipo de fibras lentas, enquanto o disparo pouco frequente dos neurónios motores resulta em fibras rápidas (Wu et al., 2000).

Existem 2 tipos de miofibras:

As miofibras do tipo I são lentas e resistentes à fadiga,

As fibras oxidativas vermelhas de contração lenta (tipo I) estão envolvidas em eventos contráteis tónicos sustentados e mantêm as concentrações intracelulares de Ca2+ em níveis relativamente elevados (100-300nM).

As miofibras do tipo II são rápidas e têm uma fraca resistência à fadiga

As fibras brancas glicolíticas de contração rápida (tipo II) são utilizadas para explosões súbitas de contração e são caracterizadas por transientes de Ca2+ breves e de alta amplitude e por níveis ambientais de Ca2+ mais baixos (<50nM).

Subtipo A: Contração rápida e boa resistência à fadiga

São mais utilizadas durante actividades de potência sustentada, como correr 400 metros ou fazer levantamentos repetidos com um peso inferior ao máximo. As fibras do tipo IIA têm grandes quantidades de mioglobina e uma elevada capacidade de gerar ATP através de processos metabólicos oxidativos, e decompõem o ATP a um ritmo muito rápido. Têm uma velocidade de contração rápida e são resistentes à fadiga. Estas fibras são raramente encontradas nos seres humanos.

Subtipo B: Contração rápida e fraca resistência à fadiga

Utilizadas para explosões de potência de alta intensidade de muito curta duração, como levantamentos máximos e quase máximos e sprints de 100 metros. As fibras de tipo IIB contêm um baixo teor de mioglobina, relativamente poucas mitocôndrias, relativamente poucos capilares sanguíneos e grandes quantidades de glicogénio.

As fibras do tipo IIB podem gerar ATP através de processos metabólicos anaeróbios, mas não são capazes de fornecer continuamente ATP suficiente às fibras musculares esqueléticas e fadigam-se facilmente. Estas fibras encontram-se em grande número nos músculos dos braços dos seres humanos.

Estruturalmente, quando comparadas com as miofibras de tipo II, as miofibras de tipo I tendem a ser mais estreitas, têm bandas Z e M mais espessas, têm mais glicogénio e o seu sarcoplasma é rico em mitocôndrias. A base molecular para a diversidade funcional das miofibras é a expressão de isoformas específicas da maioria das proteínas envolvidas na contração e relaxamento muscular. A classificação das miofibras baseia-se na velocidade de contração e noutras propriedades fisiológicas, mas predominantemente nas isoformas específicas da cadeia pesada da miosina (MyHC).

Os pormenores morfológicos variam nas diferentes fibras musculares. Os músculos esqueléticos respondem a alterações nas exigências fisiológicas através da remodelação da arquitetura das fibras individuais. Os sarcómeros são adicionados ou removidos quando os músculos são mantidos em comprimentos anormalmente longos ou curtos, e os miofilamentos são adicionados ou removidos quando as fibras musculares funcionam contra cargas anormalmente pesadas ou leves (Trotter, 2002). Isto leva a alterações na massa total do tecido. Também a relação espacial entre as células musculares e outros componentes do tecido muscular pode mudar e a expressão genética pode ser reprogramada para alterar as propriedades metabólicas e contrácteis especializadas das miofibras (Wu et al., 2000).

A membrana plasmática que envolve a miofibra é denominada sarcolema. No exterior do sarcolema encontra-se a lâmina basal (membrana basal), que é uma camada externa de tecido conjuntivo com 100 a 200 nm de espessura que contém várias proteínas, incluindo colagénio, fibronectina, laminina e muitas glicoproteínas. Normalmente, a região entre o sarcolema e a lâmina basal é ocupada por células satélites que se encontram quiescentes. A lesão aguda do músculo esquelético estimula a proliferação e diferenciação das células satélites, produzindo precursores miogénicos como os mioblastos. Este processo é analisado em pormenor em secções posteriores (Gates e Huard, 2005).

Lesões musculares

As lesões musculares são uma das lesões mais comuns relacionadas com o desporto; a sua incidência varia entre 30-55% (Noonan e Garrett, 1999, Verrall et al., 2001, Jarvinen et al., 2000). Mais de 90% são causadas por tensão excessiva ou contusões. As lesões por distensão são comuns em desportos de alta potência associados a sprints ou saltos (Jarvinen et al., 2000, Garrett, 1996). Estas lesões estão normalmente presentes na junção miotendinosa ou na substância média dos músculos que trabalham em duas articulações, como os músculos isquiotibiais e os músculos da barriga da perna (Garrett, 1996). Por outro lado, as lesões por contusão estão normalmente associadas a desportos de contacto e podem apresentar-se em qualquer local.

O dano causado pela tensão do músculo esquelético é definido como uma lesão por cisalhamento. A força mecânica rasga toda a miofibra, danifica a sua membrana plasmática e deixa o sarcoplasma aberto na extremidade dos cotos, iniciando a necrose. Esta estende-se ao longo de todo o comprimento da miofibra rompida, causando inflamação e mais danos celulares. A manifestação clínica de uma distensão muscular pode depender da gravidade da lesão. Jarvinen *et al.* classificaram-na em três categorias de acordo com a sua gravidade (Jarvinen et al., 2000).

Classificação clínica das distensões musculares de Jarvinen *et al* (Jarvinen et al., 2000): (Figura 2.3)

1) Estirpe ligeira (Grau 1)

   Rutura de algumas fibras musculares; inchaço ligeiro, perda mínima de função

2) Estirpe moderada (Grau 2)

   Maior dano muscular, clara perda de força

3) Estirpe grave (grau 3)

   Rutura em todo o ventre muscular, perda total da função

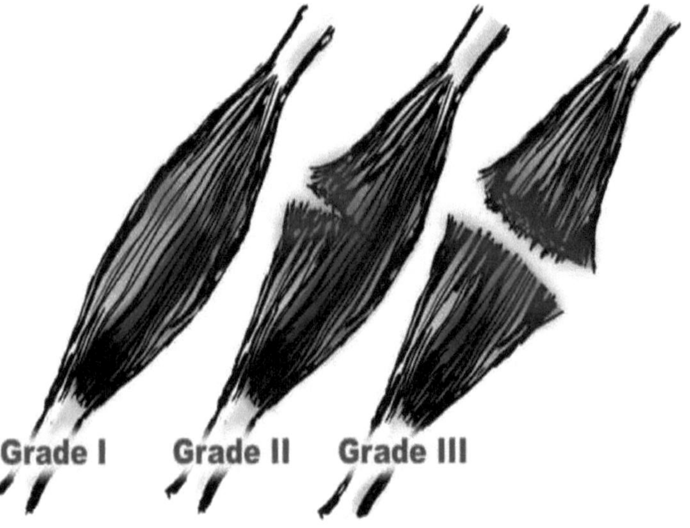

Figura 2.3. Classificação das lesões por distensão muscular (Jarvinen et al., 2000)

Lesões nos isquiotibiais

As lesões dos isquiotibiais são muito comuns em desportos que exigem muita velocidade e potência, como o futebol, o futebol australiano, o râguebi, o basquetebol e o futebol americano. Numa auditoria publicada pela The Football Association (FA) em 2004, foi sugerido que 12% de todas as lesões eram lesões dos isquiotibiais. Estas são 2,5 vezes mais comuns do que as lesões do quadricípite (Woods et al., 2004, Askling C, 2003). Nas duas épocas de 1997 a 1999, foram registadas 749 lesões dos isquiotibiais nos 91 clubes de futebol britânicos (Woods et al., 2004). Estas lesões representaram a perda de 90 dias de treino e 15 jogos por clube e por época (Woods et al., 2004). Bennell et al (1998) registaram observações semelhantes relativamente a lesões dos isquiotibiais em futebolistas das Regras Australianas, 86,4 lesões por 10 000 horas de jogo (Bennell et al., 1998).

As lesões nos isquiotibiais ocorrem durante a última parte da fase de balanço ou na batida do pé. Em ambas as fases da corrida, os isquiotibiais geram valores de binário máximos e trabalham excentricamente para desacelerar a perna. Por conseguinte, a maioria das rupturas dos isquiotibiais são tipicamente parciais e ocorrem normalmente durante a fase excêntrica da utilização muscular, quando o músculo desenvolve tensão durante o alongamento (Kujala et al., 1997). O músculo isquiotibial mais frequentemente lesionado é o bíceps femoral (Slavotinek et al., 2002). A deficiência de força muscular tem sido proposta como um dos factores de risco para estas lesões. Alguns estudos sugerem que um défice bilateral superior a 10% na força isométrica dos isquiotibiais é preditivo de lesão dos mesmos (Burkett, 1970, Orchard et al., 1997). Os desequilíbrios de força entre os grupos musculares do quadricípite e dos isquiotibiais têm sido referidos como o mecanismo subjacente às lesões dos isquiotibiais (Askling C, 2003, Orchard et al., 1997), tendo sido associados a um rácio de pico de binário isocinético concêntrico dos isquiotibiais em relação ao músculo quadricípite significativamente mais baixo (Bennell et al., 1998). Os músculos isquiotibiais lesionados eram mais fracos do que os da perna oposta em valores absolutos e na relação entre os músculos isquiotibiais e quadríceps. Foi significativamente associado a um baixo rácio de pico de binário entre os músculos isquiotibiais e quadríceps a 60 graus/seg. no lado lesionado e a um baixo rácio de pico de binário lateral entre os músculos isquiotibiais a 60 graus/seg. (Orchard et al., 1997). No entanto, existem também estudos observacionais retrospectivos e prospectivos que sugerem que os rácios isométricos (Liemohn, 1978) e isocinéticos (Paton et al., 1989) entre o quadríceps e os isquiotibiais não podem prever com fiabilidade a probabilidade de lesões nos isquiotibiais.

A fisiopatologia das lesões musculares

O processo de reparação das lesões por distensão muscular pode ser dividido em três fases. A figura 2.4 resume este processo.

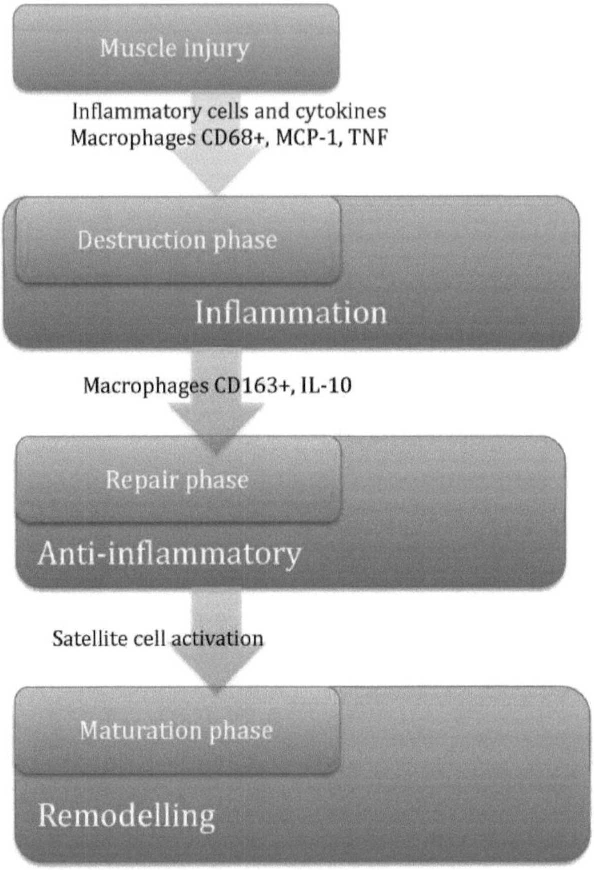

Muscle injury

Inflammatory cells and cytokines
Macrophages CD68+, MCP-1, TNF

Destruction phase

Inflammation

Macrophages CD163+, IL-10

Repair phase

Anti-inflammatory

Satellite cell activation

Maturation phase

Remodelling

Figura 2.4 Uma apresentação esquemática das diferentes fases das lesões por distensão muscular: Fase de destruição da inflamação, Fase de reparação anti-inflamatória, Fase de maturação da remodelação. (Garrett, 1996, Grefte et al., 2010, Jarvinen et al., 2000) (Gates e Huard, 2005)

1) Fase de destruição inflamatória

Esta é caracterizada pela formação de hematoma, necrose das miofibras e fagocitose de tecido morto, iniciada por células inflamatórias e citocinas (Garrett, 1996, Grefte et al., 2010, Jarvinen et al., 2000).

A rutura mecânica do sarcolema aumenta significativamente a permeabilidade da membrana ao cálcio, levando a um influxo de cálcio extracelular para a miofibra. Este influxo de cálcio desencadeia uma cadeia de eventos que começa com a estimulação da cascata do complemento e culmina com a ativação de proteases intrínsecas que digerem a miofibra, levando à necrose da miofibra. As miofibras necróticas retraem-se naturalmente, criando uma lacuna (Orchard e Best, 2002, Grefte et al., 2010, Gates e Huard, 2005).

Os vasos sanguíneos são rompidos e os capilares danificados durante as lesões musculares, levando à formação de hematoma, que preenche rapidamente esta lacuna. Contém múltiplos factores de crescimento, citocinas, macrófagos, células miogénicas naıve e células inflamatórias infiltrantes. A inflamação pode ser conceptualizada como a resposta do sistema imunitário à lesão. As interações entre estas células, proteínas e moléculas influenciam fortemente o resto do processo de cicatrização (Gates e Huard, 2005).

O processo inflamatório começa na primeira hora após a lesão e atinge o seu pico às 24 horas. Citocinas pró-inflamatórias como a interleucina IL-1, IL-8 e o fator de necrose tumoral **a** (TNF **a**) são segregadas por uma variedade de tipos de células, atraem e activam macrófagos e células miogénicas nativas (Gates e Huard, 2005).

Os macrófagos têm sido tradicionalmente vistos como necrófagos envolvidos apenas na remoção de resíduos necróticos, no entanto, estudos recentes sugerem que também podem ter um papel ativo na promoção da regeneração muscular (Garrett, 1996, Grefte et al., 2010, Jarvinen et al., 2000). Estudos recentes sugerem que existem duas subpopulações distintas de macrófagos sequencialmente envolvidas neste processo (Garrett, 1996, Grefte et al., 2010, Jarvinen et al., 2000). Os macrófagos "fagocíticos" invasores iniciais (CD68+), caracterizados pela expressão dos marcadores de superfície celular CD68 e sem o marcador CD163, atingem uma concentração mais elevada no músculo danificado cerca de 24 horas após o início da lesão e, em seguida, diminuem rapidamente (Figura 2.5). Estes macrófagos CD68+ são fagócitos pró-inflamatórios que segregam citocinas inflamatórias como o TNF **a** e a IL-1 e são responsáveis pela remoção dos resíduos necróticos. Após 48 horas, encontra-se uma segunda subpopulação de macrófagos "não fagocíticos" (CD163+), caracterizada pela expressão do marcador de superfície CD163 e sem o marcador CD68, que atinge um pico no dia 4 após a lesão inicial (Figura 2.5). Este subgrupo CD163+ apresenta uma propriedade anti-inflamatória e segrega citocinas, como a IL-10, que contribui para o fim da inflamação (Garrett, 1996, Grefte et al., 2010, Jarvinen et al., 2000)

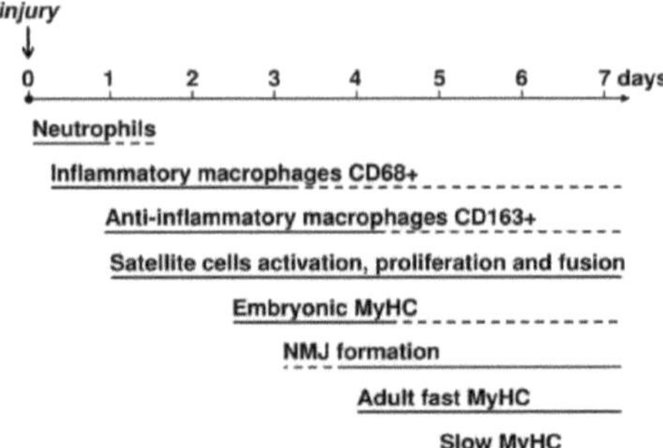

Figura 2,5 Apresentação esquemática da sequência teórica atual de eventos após uma lesão muscular: inflamação, anti-inflamação e regeneração (Grefte et al., 2010).

2) Anti-inflamatório, fase de reparação

Vários resultados sugerem que os macrófagos podem desempenhar um papel mais direto na reparação e remodelação muscular do que a mera remoção de resíduos de tecido. Após 48 horas, encontra-se uma segunda subpopulação de macrófagos "não fagocíticos" (CD163+), caracterizada pela expressão do marcador de superfície CD163 e sem o marcador CD68, que atinge um pico no quarto dia após a lesão inicial. Este subgrupo CD163+ apresenta uma propriedade anti-inflamatória e segrega citocinas, como a IL-10, que contribui para o fim da inflamação (Garrett, 1996, Grefte et al., 2010, Jarvinen et al., 2000, Orchard e Best, 2002, Gates e Huard, 2005). Assim, os macrófagos têm um papel regulador central na resposta muscular à lesão, não só removendo o tecido necrótico, mas também promovendo a regeneração muscular.

3) Remodelação, fase de maturação

As células satélites, localizadas sob a lâmina basal das fibras musculares, são responsáveis pela regeneração muscular após o processo inflamatório. Existem vários mecanismos postulados para explicar a ativação das células satélite após o trauma. Alguns investigadores defendem que a rutura da integridade do sarcolema e da lâmina basal ativa as células satélite (Orchard e Best, 2002, Grefte et al., 2010, Gates e Huard, 2005). Outros defendem que as citocinas libertadas pelas células inflamatórias infiltradas resultam na ativação das células satélite. As células satélites activadas proliferam e diferenciam-se durante até 10 dias. Os descendentes da diferenciação das células satélites são precursores miogénicos, como os mioblastos, que proliferam e começam a diferenciar-se e a fundir-se em miotubos multinucleados, miofibras imaturas e, eventualmente, miofibras maduras (Orchard e Best, 2002, Grefte et al., 2010, Gates e Huard, 2005). A Figura 2.6 resume esses eventos.

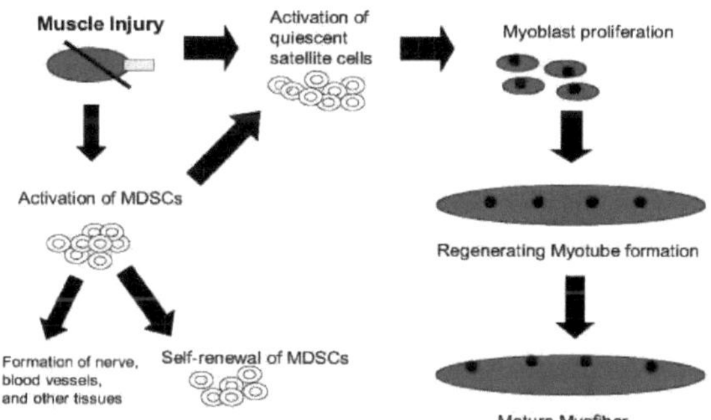

Figura 2.6 Uma apresentação esquemática da fase de remodelação / regeneração após lesão muscular (Gates e Huard, 2005).

Vários factores de crescimento libertados no local da lesão desempenham um papel fundamental no aumento da proliferação e diferenciação dos mioblastos.

Estes factores de crescimento incluem o fator de crescimento semelhante à insulina 1 (IGF-1), o fator de crescimento básico dos fibroblastos (bFGF), o fator de crescimento epidérmico (EGF) e o fator de crescimento dos hepatócitos (HGF). Isto leva à maturação das miofibras regeneradas, à contração e à reorganização do tecido cicatricial (Orchard e Best, 2002, Grefte et al., 2010, Gates e Huard, 2005).

Resumo

A fisiopatologia das lesões musculares e o seu processo de reparação são complexos. A literatura recente permite compreender melhor os eventos bioquímicos envolvidos neste processo. Os macrófagos desempenham um papel importante no processo inflamatório e anti-inflamatório; por conseguinte, a modulação de macrófagos específicos poderia potencialmente influenciar o processo de reparação muscular. Pode traduzir-se na prática clínica para reduzir o tempo de recuperação.

Capítulo 3
Revisão da literatura sobre o tratamento das lesões dos isquiotibiais

Foi efectuada uma pesquisa exaustiva da literatura nas bases de dados Medline (1950 - 2010), pubMed, Embase (1980 - 2010), AMED (1985 - 2010), Science Diret, Scopus, Biosis, Biblioteca Cochrane e Google. O título, o resumo e a palavra-chave foram pesquisados utilizando os termos "hamstring", "injuries", "treatment". Não foram impostas restrições linguísticas; os artigos originais foram obtidos, se possível, e traduzidos para inglês.

Embora as lesões musculares dos isquiotibiais sejam uma das lesões musculares mais comuns sofridas pelos atletas, a evidência de intervenção terapêutica é limitada (Orchard et al., 2008b). Atualmente, não existe consenso sobre as melhores opções de tratamento. Repouso, gelo, compressão, elevação, medicamentos anti-inflamatórios não esteróides, terapia de manipulação e/ou terapia de injeção são utilizados pelos médicos desportivos para tratar vários tipos de lesões dos isquiotibiais (Orchard et al., 2008b, Reurink et al., 2012).

ARROZ

O tratamento de repouso, gelo, compressão e elevação (RICE) é o método mais tradicional e mais comummente utilizado para tratar entorses e distensões musculares. Tem sido descrito em livros didácticos e praticado por muitos atletas profissionais, treinadores e membros da equipa de cuidados de saúde. Estes quatro procedimentos têm o mesmo objetivo: minimizar a hemorragia dos vasos sanguíneos rompidos para o local da rutura. Partiu-se do princípio de que isso evitaria a formação de um grande hematoma, que poderia ter impacto no tamanho do tecido cicatricial no final da regeneração. Acreditava-se que um hematoma pequeno e a limitação da acumulação de edema intersticial no local da rutura encurtariam o período isquémico no tecido de granulação, o que, por sua vez, poderia acelerar a regeneração (Jarvinen et al., 2000).

Embora seja o método de tratamento mais utilizado nas lesões agudas dos isquiotibiais, não existe consenso quanto à duração e à técnica utilizada no aspeto prático do RICE (Reurink et al., 2012). O período de repouso inicial pode variar entre 2 e 72 horas e alguns protocolos descrevem o repouso completo do membro em comparação com a mobilização do membro à medida que a dor o permite. Além disso, os métodos de repouso variam consoante os protocolos e a perceção do doente. Vão desde a colocação de talas completas, amplitude de movimento passiva até ao exercício de resistência ativa mínima.

Em termos de elevação, o princípio geral é elevar o local da lesão acima do nível do coração para facilitar a drenagem linfática e o retorno venoso. Não existem provas que sugiram que a elevação, por si só, possa reduzir o inchaço dos tecidos moles. Nas lesões da face e do ombro, embora se assuma a vantagem anatómica de o local lesionado estar acima do coração, a quantidade de edema não é menor do que nas lesões dos membros inferiores. A menos que o doente seja supervisionado 24 horas por dia com o apoio de uma equipa de enfermagem, é impossível repousar e elevar completamente o membro lesionado, pelo que o cumprimento desse protocolo pode ser difícil. Devido a estes factores logísticos, não existem atualmente ensaios de controlo que demonstrem o efeito do repouso e da elevação (Thorsson et al., 1997, Reurink et al., 2012). Uma vez que existe uma grande variação na compreensão e na prática do repouso e da elevação, não existe um consenso comum sobre as melhores práticas, pelo que não é possível validá-las cientificamente.

ICE

No que respeita ao tratamento com gelo (crioterapia), é talvez a modalidade terapêutica mais simples e mais antiga no tratamento de lesões agudas dos tecidos moles. Presume-se que, ao diminuir a temperatura dos tecidos, a crioterapia pode reduzir a dor, abrandar o metabolismo e minimizar o processo inflamatório (K, 1989, KL, 1976). A maioria dos estudos de investigação e revisões até à data utilizaram sujeitos humanos saudáveis para investigar estes efeitos fisiológicos propostos. Embora existam provas de que a crioterapia pode reduzir a temperatura dos tecidos profundos, tanto em animais (Barlas et al., 1996) como em seres humanos (Draper et al., 1995, Merrick et al., 1993, Zemke et al., 1998), o grau de arrefecimento parece depender do método e da duração da aplicação, da temperatura inicial do gelo e até da profundidade da gordura subcutânea (MacAuley, 2001).

As recomendações actuais nos livros de texto padrão sobre a utilização clínica do gelo também apresentam muitas deficiências e a maioria dos médicos baseia-se em provas empíricas (MacAuley, 2001). A seleção de parâmetros num ambiente clínico continua a ser feita de forma pragmática, e as recomendações em artigos de revisão variam entre 10 a 20 minutos, 2 a 4 vezes por dia, até 20 a 30 minutos, ou 30 a 45 minutos a cada 2 horas (Bleakley et al., 2004). Os estudos mais recentes sobre a prática clínica identificaram variações no modo, duração e frequência ideais de aplicação de gelo, embora esses factores determinem o grau de arrefecimento e a potencial eficácia do tratamento (MacAuley, 2001).

Não existe consenso quanto ao tempo de aplicação do saco de gelo e à frequência de utilização. No entanto, parece ser consensual que os sacos de gelo não devem ser utilizados mais de 48 horas após a lesão. Não existem estudos aleatórios que avaliem a eficácia do gelo no tratamento de contusões musculares; apenas cinco estudos avaliaram o efeito do gelo em entorses agudas do tornozelo. As aplicações únicas de gelo e compressão combinadas parecem ser tão eficazes como a ausência de tratamento após uma entorse aguda.

Dada a forte base de evidências empíricas e a popularidade do tratamento de crioterapia entre os leigos, pode ser difícil aleatorizar um indivíduo para um grupo "sem gelo". Na prática clínica, o gelo é normalmente combinado com compressão e elevação, tornando difícil determinar o valor da crioterapia isoladamente (Meeusen e Lievens, 1986, Thorsson, 2001). Foram registados alguns efeitos secundários da crioterapia, tais como queimaduras cutâneas (O'Toole e Rayatt, 1999) e lesões nervosas (Moeller et al., 1997) após apenas 20 minutos de arrefecimento.

A crioterapia é uma modalidade versátil e pode ser utilizada nas fases imediata e de reabilitação do tratamento de lesões. A aplicação imediata de gelo é defendida após a lesão, pois presume-se que a crioterapia pode reduzir o metabolismo dos tecidos e pode reduzir a lesão hipóxica secundária, os detritos celulares e o edema. Portanto, a crioterapia iniciada entre 24 e 48 horas após a lesão pode não ter optimizado este efeito fisiológico positivo.

A maioria dos estudos na literatura atual não considerou completamente a base fisiopatológica da crioterapia e pode não a ter utilizado em todo o seu potencial. As recomendações sobre a dosagem de gelo permanecem anedóticas e normalmente não mudam com base nas circunstâncias da lesão. A profundidade da lesão muscular e o tecido adiposo circundante devem ser considerados e cotejados com a eficácia clínica do arrefecimento (Bleakley et al., 2012). É necessária investigação futura sobre a eficácia do gelo e das lesões musculares. A dosagem do tratamento deve ser potencialmente desenvolvida com base na profundidade da lesão e deve ser tida em conta na conceção de futuros ensaios clínicos.

Compressão

O princípio da compressão aguda para tratar lesões dos tecidos moles baseia-se amplamente no controlo da hemorragia e na redução do hematoma; acreditava-se que encurtava o tempo de recuperação e prevenia a miosite ossificante (Rask e Lattig, 1972, Lipscomb et al., 1976, Thorsson et al., 1997). Embora exista uma grande quantidade de literatura sobre lesões agudas dos tecidos moles, não existe nenhum estudo clínico controlado autónomo que compare a compressão com a ausência de tratamento. A maioria das publicações sobre a utilização da compressão no tratamento de lesões musculares agudas baseia-se no pós-treino excêntrico em vez de contusões musculares. Nos restantes estudos, o gelo ou a crioterapia são normalmente combinados com a compressão após a lesão e a duração e frequência também são diferentes, pelo que é impossível tirar conclusões significativas destes estudos. Além disso, devido aos diferentes habitus corporais, ao tipo de ligadura de compressão utilizada e à técnica da sua aplicação, a força de compressão no local da lesão não pode ser normalizada.

Thorsson et al. demonstraram que o tratamento imediato (no prazo de 5 minutos após a ocorrência de uma lesão muscular aguda) com uma ligadura de compressão máxima não reduziu a formação de um hematoma e não encurtou o tempo de recuperação dos jogadores lesionados neste estudo, em comparação com o tratamento de compressão mínima, repouso e elevação apenas (Thorsson et al., 1997).

Anti-inflamatórios não esteróides AINE

Os AINEs são utilizados principalmente pelas suas propriedades analgésicas, anti-inflamatórias e antipiréticas, embora os seus efeitos in vivo no tratamento de lesões músculo-esqueléticas em seres humanos permaneçam largamente desconhecidos (Paoloni et al., 2009). Os medicamentos anti-inflamatórios não esteróides tornaram-se populares no tratamento de lesões desportivas. A sabedoria convencional tem ditado que a inflamação é má e precisa de ser reduzida após lesões agudas. Embora existam poucas provas que promovam a utilização de AINE em lesões musculares agudas e alguns estudos tenham mesmo sugerido que os AINE podem ser contraproducentes para o processo de cura, a sua utilização continua a ser comum (Reurink et al., 2012).

A ação analgésica dos AINE não é significativamente superior à do paracetamol nas lesões músculo-esqueléticas, mas apresenta um perfil de risco mais elevado, com efeitos secundários que incluem a exacerbação da asma, efeitos secundários gastrointestinais e renais, hipertensão e outras doenças cardiovasculares. Vários estudos e revisões concluíram que os AINE não são mais eficazes do que o placebo no tratamento de lesões agudas dos tecidos moles (Mehallo et al., 2006, Ziltener et al., 2010). Além disso, foram levantadas preocupações sobre o possível efeito prejudicial dos AINE na cicatrização muscular após uma lesão aguda, devido ao atraso na regeneração muscular e à promoção da fibrose (Ziltener et al., 2010, Shen et al., 2005). Reynolds et al não encontraram qualquer efeito estatisticamente significativo do tratamento com AINE na pontuação da dor e no teste isocinético dos isquiotibiais em comparação com placebo. As pontuações de dor medidas com uma escala visual analógica após 1 semana foram de 7,9±6,6, 8,8±7,7 e 3,9±3,3 para o grupo do meclofenamato, diclofenac e placebo, respetivamente (Reynolds et al., 1995). Foram registados efeitos adversos, como perturbações gastrointestinais e dores de cabeça, em 38% do grupo dos AINE, em comparação com 14% do grupo do placebo (Reynolds et al., 1995).

As células inflamatórias desempenham um papel importante no processo de cicatrização de um músculo lesionado. Por isso, o uso de medicamentos que inibem essas células, como os AINEs, é contraditório. Por outro lado, os AINEs também podem desempenhar um papel benéfico no contexto de lesões agudas. O processo inflamatório pode ser excessivo e causar edema, resultando em anóxia e morte celular adicional. Este facto pode ser evitado através da administração de AINEs em doses baixas (Paoloni et al., 2009).

Existem muitos artigos de revisão sobre a utilização de AINEs, mas nenhum defendeu a sua utilização como tratamento de primeira linha ou como tratamento de rotina para tratar lesões musculares agudas (Paoloni et al., 2009, Reurink et al., 2012, Ziltener et al., 2010, Orchard et al., 2008a). Os AINEs podem ser utilizados, mas não antes de 48 horas após as lesões musculares induzidas pelo exercício, para proporcionar analgesia e reduzir a resposta inflamatória precoce. O uso precoce pode interferir com a quimiotaxia celular necessária para a reparação e remodelação do músculo em regeneração. O uso prolongado de AINEs (mais de 7 dias) não é recomendado; pode atrasar a regeneração muscular ao inativar a proliferação e diferenciação das células satélite e inibir a produção de factores de crescimento (Reynolds et al., 1995, Shen et al., 2005, Reurink et al., 2012, Paoloni et al., 2009).

Existem provas limitadas de que a utilização de AINEs não tem qualquer efeito sobre os níveis de dor e os testes de força isocinética em lesões agudas dos isquiotibiais. Além disso, foram levantadas preocupações sobre os possíveis efeitos nocivos dos AINEs no sistema cardiovascular e na cicatrização muscular após uma lesão aguda. Apesar da utilização generalizada de AINEs em lesões musculares agudas, não existem provas da sua eficácia em lesões dos isquiotibiais (Orchard et al., 2008a).

Terapia por injeção

Nos últimos anos, as terapias por injeção ganharam popularidade no tratamento de lesões musculares. Na literatura, foram descritas muitas substâncias farmacêuticas ou homeopáticas para o tratamento de lesões musculares agudas. No passado, os corticosteróides, como o fosfato sódico de dexametasona, o hexacetonido de triamcinolona ou o acetonido de triamcinolona, eram utilizados em conjunto com o cloridrato de lidocaína ou o cloridrato de bupivacaína para tratar essas lesões (Levine et al., 2000). A proloterapia, como a solução salina hipertónica, a dextrose, o fenol, a glicerina e o extrato de óleo de fígado de bacalhau, também foi experimentada (Reurink et al., 2012).

A literatura tem apresentado resultados limitados e contraditórios relativamente a estas substâncias para injecções intramusculares. Os anestésicos locais são habitualmente utilizados e misturados com estas substâncias para injecções intramusculares, com o objetivo de reduzir o desconforto e proporcionar um alívio imediato da dor (Zink e Graf, 2004). Embora seja um efeito secundário pouco frequente, as injecções intramusculares de anestésicos locais podem resultar em mionecrose reversível (Zink e Graf, 2004). (Figura 3.1) Além disso, quando a "substância terapêutica" é misturada com medicamentos anestésicos locais, as propriedades farmacodinâmicas e farmacocinéticas de cada substância são alteradas e imprevisíveis.

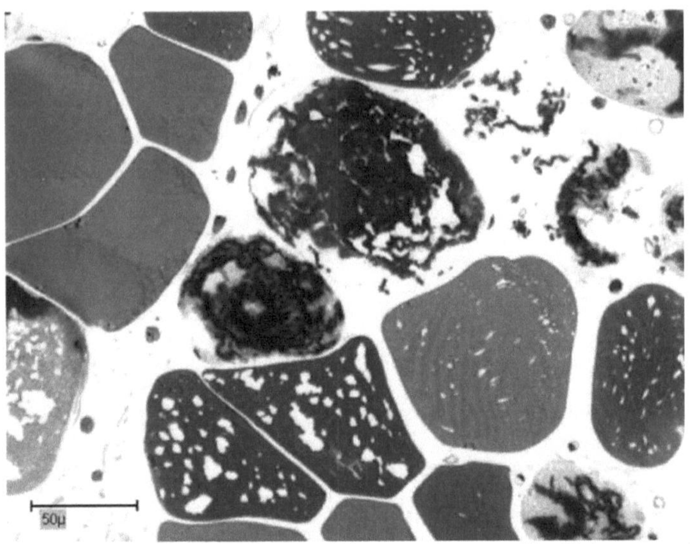

Figura 3.1. Secção transversal de músculo esquelético com alterações histológicas caraterísticas após exposição contínua à bupivacaína durante 6 horas (secção semitínica, corada com azul de toluidina). Pode ser encontrado um espetro completo de alterações necrobióticas, desde fibras vacuoladas ligeiramente danificadas e fibras com miofibrilhas condensadas até células totalmente desintegradas e necróticas. A maioria dos miócitos é morfologicamente afetada (Zink e Graf, 2004).

Como a compreensão da bioquímica humana aumentou na última década, a hormona de crescimento humana e os factores de crescimento semelhantes à insulina têm sido utilizados para acelerar a recuperação de lesões musculares. No entanto, devido à natureza anabólica destes factores de crescimento, a sua utilização pode conduzir a um crescimento excessivo ou mesmo a uma transformação celular maligna. É classificada como dopagem na secção S1 da lista de substâncias proibidas pela AMA. Recentemente, o plasma rico em plaquetas (PRP) tornou-se popular entre os atletas profissionais, a partir de 2011 a AMA flexibilizou a sua regra e deixou de ser proibido em determinadas circunstâncias. Recentemente, o Comité Olímpico Internacional (COI) publicou uma declaração de consenso, que promoveu ainda mais a utilização do PRP (Engebretsen et al., 2010). O documento de consenso destacou e resumiu os factos actuais e os relatórios publicados sobre o PRP. Embora este documento não tenha encontrado qualquer efeito benéfico clinicamente percetível ou significativo com o PRP, concentrou-se fortemente na inexistência de efeitos negativos do PRP e, por conseguinte, recomendou a sua utilização. É bastante invulgar que um organismo governamental internacional publique uma publicação deste tipo para apoiar a utilização do PRP com base em provas muito fracas (Kjaer e Bayer, 2011). Por outro lado, no passado, o COI proibiu a utilização de um medicamento em circunstâncias semelhantes, com base em especulações e rumores. Por conseguinte, qualquer declaração, prova ou publicação produzida pelo COI deve ser tratada com cautela, tal como acontece com o PRP.

Para além dos corticosteróides, da proloterapia, dos factores de crescimento e do PRP, existe outra alternativa no que diz respeito à terapia de injeção muscular. Em atletas profissionais de elite, Orchard et al (2008) resumiram que, atualmente, quase todo o nosso chamado conhecimento no tratamento de lesões musculares se baseia em provas científicas muito fracas (Orchard et al., 2008a). O regime de tratamento por injeção de Actovegin / Traumeel do Dr. Mueller-Wohlfahrt para o tratamento de lesões musculares foi considerado por um painel de peritos como a melhor prática atual (Orchard et al., 2008a). Em 2006, um artigo do jornal Times relatou um comentário do Dr. Hans-Wilhelm Müller-Wohlfahrt, médico da equipa da seleção alemã de futebol e do Bayern de Munique Football Club, sobre a utilização deste regime.

Neste relatório, o Dr. Müller-Wohlfahrt falou da sua experiência com Actovegin/Traumeel e do sucesso do seu tratamento em desportistas de alto nível, como Maurice Green, Asafa Powell, Diego Maradona, Darren Gough e Paula Radcliffe (Crompton, 2006). Ninguém que eu tenha visto teve um efeito adverso, ou uma reação alérgica ou outra." (Crompton, 2006) Uma declaração de boas práticas mencionou a terapia de injeção Actovegin e Traumeel do Dr. Mueller-Wohlfahrt, embora não se trate de um estudo clínico publicado, mas os seus trinta anos de experiência especializada em lesões musculares em atletas de elite não devem ser negligenciados (Orchard et al., 2008b).

Resumo:

No caso dos atletas profissionais de elite, a redução do tempo de recuperação pode significar a continuação do treino, o aumento do ritmo de jogo e benefícios para a equipa e o clube. Tal como sugerido na revisão deste capítulo, o tratamento tradicional das lesões musculares, como o repouso, o gelo, a compressão, os AINE e as terapias de injeção, baseia-se na "moda" e em provas insuficientes. O regime de tratamento por injeção do Dr. Mueller-Wohlfahrt parece produzir resultados anedóticos reconhecidos internacionalmente entre os atletas de elite. Por conseguinte, este livro irá explorar mais aprofundadamente este regime.

Em termos do regime de injeção do Dr. Mueller-Wohlfahrt, o Actovegin é misturado com Traumeel e anestésicos locais para injeção, pelo que a propriedade bioquímica, a farmacodinâmica e a farmacocinética de cada medicamento são alteradas e imprevisíveis. Os anestésicos locais podem provocar mionecrose e o Traumeel é uma substância homeopática que contém 99% de solução salina isotónica estéril (Schneider, 2011); a única substância "ativa" potencial no regime do Dr. Mueller-Wohlfahrt pode ser um medicamento chamado "Actovegin". A fim de reduzir a complexa farmacodinâmica e farmacocinética da interação entre medicamentos e substâncias, este livro centrar-se-á apenas no Actovegin.

Capítulo 4
Actovegina

O Actovegin ® é um hemodialisado desproteinizado de soro ultrafiltrado de vitelos com menos de 8 meses de idade, produzido pela Nycomed GmbH, Áustria. A Áustria está oficialmente classificada como país indemne de encefalopatia espongiforme bovina (BSE), encefalopatias espongiformes transmissíveis (TSE) e tremor epizoótico pela Organização Mundial de Saúde Animal (WOAH) e pelo Comité Científico Diretor da União Europeia. O processo de fabrico do Actovegin® está validado para a EEB, pelo que se provou ser capaz de remover agentes de EET hipoteticamente presentes (Nycomed). De acordo com o fabricante, é ultrafiltrado até 6000 Daltons, pelo que não contém proteínas, factores de crescimento ou substâncias semelhantes a hormonas. Actovegin contém componentes fisiológicos, electrólitos e oligoelementos essenciais. Os aminoácidos, os nucleósidos, os produtos intermédios dos metabolitos dos glúcidos e das gorduras constituem cerca de 30% dos componentes orgânicos do Actovegin (Nycomed). Os princípios activos desta mistura ainda não foram identificados. O Actovegin pode ser administrado sob a forma de comprimidos, formulações tópicas, injecções ou infusão por via intramuscular, intravenosa ou intra-arterial (Nycomed). No âmbito do presente doutoramento, apenas será abordada a forma injetável do Actovegin.

O Actovegin é um medicamento autorizado na Europa, na China e na Rússia e tem sido utilizado por clínicos há mais de 60 anos (Nycomed, Pforringer et al., 1994, Wright-Carpenter et al., 2004, Beetz et al., 1996). Clinicamente, tem sido utilizada como infusão intravenosa para tratar acidentes vasculares cerebrais agudos (Derev'yannykh et al., 2008, Boyarinov et al., 1998) e como forma tópica para tratar úlceras da pele e da boca (Biland et al., 1985). Também foi relatada a sua utilização como infusão intra-arterial para tratar fracturas de ossos longos (Khomutov et al., 1999) e hemorragia pós-parto (Appiah, 2002).

Processo de fabrico

O Actovegin® é um hemodialisado de sangue de vitelo desproteinizado, isento de pirogénios e antigénios. É fabricado a partir de sangue de vitelo em várias etapas por ultrafiltração (Buchmayer et al., 2011):

1) Corte de ultrafiltração de 6 kD

2) Destilação sob vácuo para eliminação do precipitado por filtração (0,45 pm)

3) Titulação para pH 6,8

4) Filtração estéril com pré-filtros de 0,2 pm e 0,45 pm

5) Armazenado a 2 - 6°C durante 14 dias

6) Filtração estéril (0,45 pm) e titulação a pH 6,8

7) Etapa de ultrafiltração com um corte de 10 kD

8) Filtração estéril um pré-filtro de 0,45 pm e 0,2 pm

9) Armazenamento a 2 - 6°C durante 56 dias

10) O precipitado final é removido por filtração (0,45 pm) e diluído para uma concentração nominal de 200 mg/ml de peso seco.

11) Finalmente, a desproteinização é completada por filtração estéril com pré-filtros de 0,2 pm e 0,45 pm.

A análise do produto final mostra que este contém uma mistura de substâncias (Buchmayer et al., 2011):

Componentes inorgânicos	**Componentes orgânicos**
Cloreto	Aminoácidos
Fosfato	Oligopeptídeos
Sódio	Nucleósidos
Potássio	Glicosfingolípidos
Cálcio	
Magnésio	
Várias fontes de azoto	
Aminoácidos	
Péptidos	
Glicose	
Acetato	

Controlo de qualidade pelo fabricante

Uma vez que o Actovegin® está a ser produzido a partir de uma fonte biológica, é submetido a dois testes de bioensaio para garantir a atividade homogénea do produto (Buchmayer et al., 2011).

1) Determinação do consumo de oxigénio (ploxigénio/mgtissue/hora) no homogenato de homogenatos de fígado de cobaia (medido com um microespirómetro de Warburg). O valor-alvo para Actovegin® é um consumo de oxigénio de 1,0 pl por 2 mg por hora. (0,5 pl/mg/hr)

2) A absorção de glicose marcada com trítio na fração lipídica de adipócitos, preparada a partir de tecido adiposo epididimário de rato. Actovegin® aumenta esta captação de uma forma semelhante à da insulina e exibe, a 1 mg/ml de meio de incubação, uma atividade semelhante à da insulina (ILA) de mais de 20 pU.

Toxicidade

Os testes de toxicidade em ratos e noutras espécies relevantes revelam que o Actovegin®, após aplicação intravenosa, tem uma toxicidade aguda superior a 50 vezes a dose terapêutica máxima. Os testes de toxicidade subcrónica negativos ao longo de um período de três meses também sustentam que o Actovegin® não é tóxico e que não foram observadas alterações orgânicas patológicas crónicas, quer macro quer microscopicamente (Buchmayer et al., 2011).

Achados pré-clínicos

Actovegin® tem uma vasta gama de actividades com a principal ação teórica baseada principalmente numa influência independente do órgão do metabolismo celular que leva a um aumento da absorção e utilidade do oxigénio, bem como da absorção de glicose pelas células. Promove o metabolismo oxidativo e altera o equilíbrio redox das células no sentido dos substratos oxidados. Isto pode também levar a uma maior disponibilidade de fosfatos ricos em energia, como o ATP e o fosfato de creatina. Os estudos pré-clínicos que levaram à suposição destes efeitos positivos foram relatados a partir de um amplo repertório de estratégias de teste conduzidas tanto em cultura de células de ratos como de porquinhos-da-índia.

Muitos estudos tentaram identificar os ingredientes activos desta mistura, mas não obtiveram êxito. Estudos *in vitro* sugeriram que Actovegin promove o metabolismo oxidativo e altera o equilíbrio redox das células no sentido dos substratos oxidados, o que pode proteger contra lesões celulares hipóxicas (Schoenwald et al., 1991). Hoyer *et al.* sugeriram que o Actovegin não influencia diretamente as células durante o período isquémico, uma vez que os níveis de glicose e lactato das células são semelhantes aos das células animais não tratadas durante o período isquémico (Hoyer e Betz, 1989). Um dos objectivos mais importantes de qualquer estratégia terapêutica pós-isquémica deve ser a interrupção precoce do processo de eventos que danificam as células para evitar a morte celular. Devido às propriedades da Actovegina para promover a oxidação e a produção de energia, assumiu-se que a eficácia da Actovegina beneficia os eventos metabólicos pós-isquémicos, embora o seu constituinte ativo ainda não tenha sido elucidado (Hoyer e Betz, 1989).

Obermaier-Kusser et al (1989) isolaram oligossacáridos de fosfato de inositol (IPO) da Actovegina, cuja composição era (Obermaier-Kusser et al., 1989):

- Eritrose 2,54 mM (0,305 mg/ml)
- Ribose 1,49 mM (0,166 mg/ml)
- Arabinose 0,5 mM (0,150 mg/ml)
- Xilose 1,26 mM (0,189 mg/ml)
- Manose 0,60 mM (0,108 mg/ml)
- Galactose 0,30 mM (O,053 mg/ml)
- Glicose 1,22 mM (0,220 mg/ml)
- Inositol 0,56 mM (0,100 mg/ml)
- Os sacarídeos foram complexados como fosfatos ou sulfatos

No mesmo estudo, mostraram também efeitos parciais dependentes da dose de insulina na atividade de transporte de glicose das células adiposas (Obermaier-Kusser et al., 1989) (Figura 4.1). Além disso, noutra experiência realizada pelo mesmo grupo com adipócitos isolados de rato e medição do transporte de 3-O-metilglucose, após 20 minutos de incubação, a fração IPO da Actovegina atingiu aproximadamente 70% do transporte de glucose em comparação com a Insulina. (Figura 4.2)

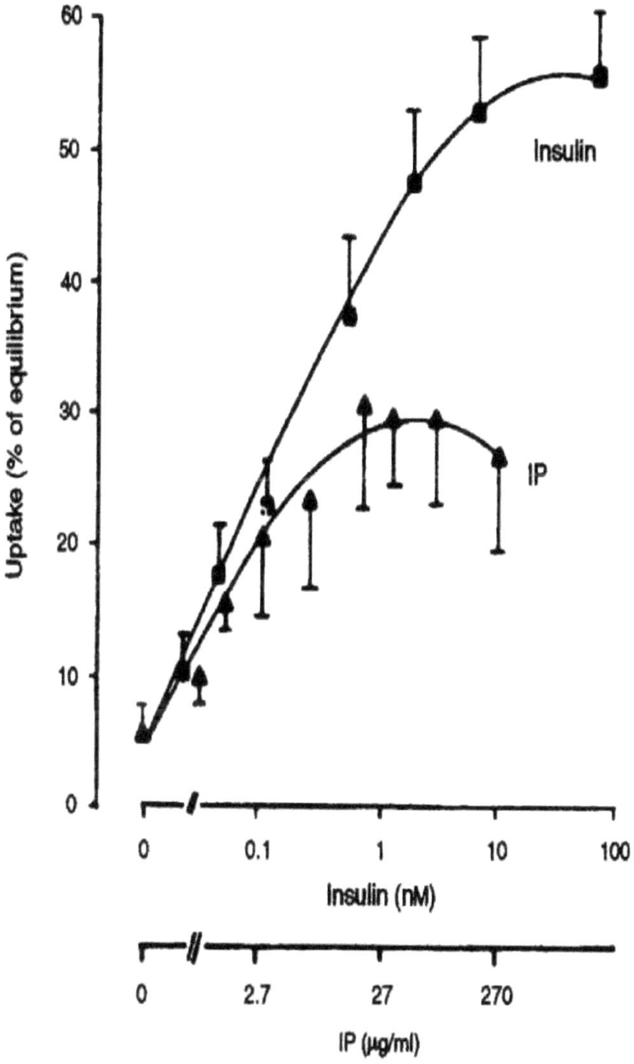

Figura 4.1 Gráfico para mostrar a atividade semelhante à insulina do extrato IPO de Actovegin contra a insulina em adipócitos de rato isolados. As curvas mostram valores médios ± SEM. A fração de IPO de Actovegin tem efeitos semelhantes, dependentes da dose, na captação de glicose em comparação com a insulina. (Obermaier-Kusser et al., 1989)

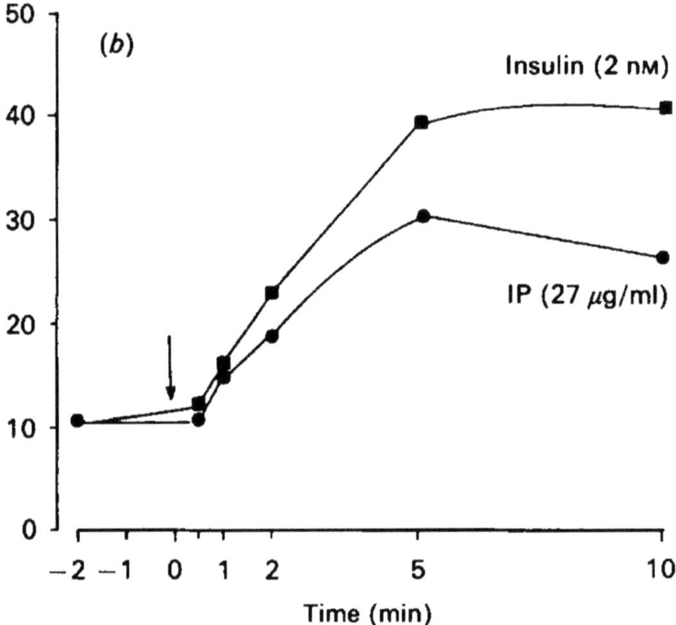

Figura 4.2. Gráfico que mostra a atividade de transporte de 3-O-metilglucose do extrato de IPO de Actovegin e da insulina em adipócitos isolados de rato ao longo do tempo. A fração de IPO de Actovegin pode atingir aproximadamente 70% da captação de insulina -0-metilglucose. (Obermaier-Kusser et al., 1989)

Além disso, os IPO não induzem a translocação de transportadores nem estimulam a quinase do recetor de insulina in vitro ou in vivo (Obermaier-Kusser et al., 1989). Activam os transportadores de glicose (GluTs) na membrana plasmática (Kelly et al., 1987) e melhoram a captação de glicose pelas células (de Groot et al., 1990).

Os IPO podem contribuir até 70% do efeito máximo da insulina no transporte de glicose e também estimular a atividade de certas enzimas, incluindo a piruvato desidrogenase, as enzimas-chave do ciclo do ácido cítrico (Obermaier-Kusser et al., 1989), melhorando assim a eficiência do processo de respiração através de uma via independente.

Schoenwald et al. (1991) sugeriram que as fracções activas na Actovegina tinham uma carga negativa forte e que se pensava serem oligossacáridos fosforilados e/ou sulfatados com um peso molecular de aproximadamente 3K Dalton e diferentes da fração IPO referida por outros estudos (Schoenwald et al., 1991).

O Actovegin tem um efeito sinérgico na proliferação celular in vivo com o fator de crescimento epidérmico (EGF), o fator básico de crescimento dos fibroblastos (bFGF) e o fator de crescimento das células endoteliais (ECGF), provocando um aumento do número de células, um aumento da atividade da fosfatase ácida e um nível melhorado de incorporação de timidina em comparação com os controlos, conforme demonstrado na figura 4.3 (Schoenwald et al., 1991). Como demonstrado na figura 4.3, estes efeitos são resistentes à digestão pela proteinase K, pelo que é pouco provável que os compostos activos da Actovegina sejam factores de crescimento ou os seus fragmentos derivados (Schoenwald et al., 1991). Os efeitos nutritivos triviais da Actovegina foram excluídos, uma vez que uma mistura do mesmo nível de aminoácidos e substratos não estimulou a proliferação nem teve uma atividade semelhante à da insulina in vivo (Schoenwald et al., 1991).

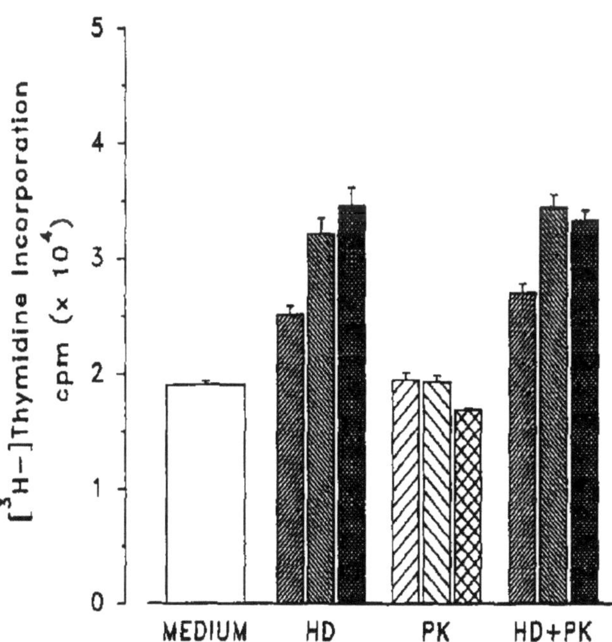

Figura 4.3. HD - grupo Actovegin, PK - grupo proteinase K, HD+PK - grupo IPO digerido com proteinase K. 0,1 mg/ml; 0,25 mg/ml; 0,5 mg/ml. Não se registaram diferenças significativas na incorporação de timidina entre o grupo Actovegin e Actovegin com proteinase em todas as condições (Schoenwald et al., 1991).

A partir dos resultados dos estudos pré-clínicos, as propriedades dos compostos activos do Actovegin estão resumidas na tabela abaixo:

Imóveis	**Determinado por**
Peso molecular aprox. 3KD	Filtração em gel
Carga negativa forte, pKa< 2	Permuta aniónica
Fosfato e/ou sulfato ligados	Análise antes e depois da hidrólise
Insensível à protease	Digestão com proteinase K
Não extraível por solventes orgânicos	Extração com clorofórmio/metanol/HCl
contém principalmente oligossacáridos	Análise antes e depois da hidrólise

Resumo

A cicatrização de feridas depende em grande medida do oxigénio, da glicose e do ATP. Baseia-se na capacidade das células individuais de migrarem para a área da ferida e na replicação destas células. É provável que a actovegina tenha efeitos estabilizadores da membrana nas células isquémicas. Isto pode dever-se à presença de IPO com carga negativa, deslocando as células na direção dos substratos oxidados. No período pós-isquémico imediato, estes factores podem contribuir para a recuperação celular. As propriedades sinérgicas da insulina e dos factores de crescimento podem também ser benéficas e tornar o período inicial de recuperação mais eficiente. Por conseguinte, presume-se que Actovegin seja útil em distúrbios circulatórios e eventos pós-isquémicos.

Capítulo 5

Revisão da literatura sobre o Actovegin

Foi efectuada uma pesquisa exaustiva da literatura nas bases de dados Medline (1950-2010), pubMed, Embase (1980-2010), AMED (1985-2010), Science Diret, Scopus, Biosis, Biblioteca Cochrane e Google. O título, o resumo e a palavra-chave foram pesquisados utilizando os termos "Actovegin". Não foram impostas restrições linguísticas; os artigos originais foram obtidos, se possível, e traduzidos para inglês. Após a pesquisa inicial, a literatura foi filtrada para "cicatrização de feridas" e "investigação relacionada com os músculos". Por fim, os termos "Injection therapy" e "muscle injuries" foram utilizados para subfiltrar os artigos relevantes.

Mecanismos

Nos últimos 60 anos, os investigadores tentaram identificar os ingredientes activos do Actovegin, mas não obtiveram êxito. Estudos *in vitro* sugeriram que promove o metabolismo oxidativo e altera o equilíbrio redox das células no sentido dos substratos oxidados. Por conseguinte, pensou-se inicialmente que a actovegina tinha efeitos protectores contra a lesão celular hipóxica (Schoenwald et al., 1991). Hoyer *et al.* demonstraram que a actovegina não influencia diretamente as células durante o período isquémico, uma vez que os níveis intracelulares de glicose e de lactato são semelhantes aos das células animais não tratadas durante este período (Hoyer e Betz, 1989). Por conseguinte, pensa-se que o seu mecanismo de ação melhora a eficácia do equilíbrio energético das células nos eventos metabólicos pós-isquémicos e interrompe o processo de danos celulares para evitar uma maior morte celular (Hoyer e Betz, 1989).

Foram realizados estudos sobre o consumo de oxigénio, o metabolismo e a hipoxia em diferentes modelos animais, como o rato, a cobaia e o cão. Jager et al, publicaram um estudo sobre a primeira prova de que o Actovegin® exerce efeitos na respiração celular de mitocôndrias purificadas de fígado de rato: o consumo de oxigénio foi significativamente aumentado (Malaker e Sellwood, 1970). De Groot et al. examinaram o efeito da hipoxia em hepatócitos isolados de ratos utilizando um teste de sobrevivência com azul de Tripan: condições de hipoxia na presença de Actovegin® levaram a uma sobrevivência significativamente maior (de Groot et al., 1990). Em consonância com estas observações, Schäfer analisou o consumo de oxigénio em células parenquimatosas do fígado de ratos sob a influência de Actovegin® em comparação com placebo e descreveu um efeito de reforço de Actovegin® na respiração celular (Schreier et al., 1993). Reichel et al. demonstraram que o efeito potenciador de Actovegin® no consumo de oxigénio e de glicose em sistemas celulares se baseia numa melhoria das propriedades fosforilantes das células, na medida em que o consumo de oxigénio aumenta até 40% na presença de Actovegin® (Malaker e Sellwood, 1970). Kuninaka et al. avaliaram a respiração mitocondrial por polarografia numa preparação de mitocôndrias de fígado de rato e sugeriram que a fosforilação oxidativa é significativamente aumentada pela adição de Actovegin (Kuninaka et al., 1991).

Rammler et al. determinaram fotometricamente se o Actovegin® exerce um efeito nas concentrações de ATP do cérebro durante 240 minutos (Charlesworth et al., 1975). Os resultados mostram que o Actovegin® possui a potência para aumentar o ATP no tecido. Este resultado foi uma das primeiras observações a mostrar claramente que o Actovegin® tem uma influência direta no metabolismo do cérebro. No ano seguinte, Chanh et al. demonstraram que o Actovegin também pode ser um apoio benéfico para o consumo de oxigénio e o metabolismo do tecido cardíaco (Chanh et al., 1980).

Actovegin® tem a capacidade de estimular o metabolismo celular, aumentar a absorção de oxigénio e o desempenho da produção de energia. Por conseguinte, presume-se que seja um agente estimulante para apoiar os tecidos carentes de energia e com falta de energia. Deverá ter um efeito positivo na cicatrização de feridas.

Os oligossacáridos de fosfato de inositol (IPO) são um dos ingredientes putativos do Actovegin (Obermaier-Kusser et al., 1989). Foi demonstrado que os OPI têm um efeito parcial semelhante ao da insulina na atividade de transporte de glicose dos adipócitos, mas não induzem a translocação do transportador nem estimulam a quinase do recetor da insulina *in vitro* ou *in vivo* (Obermaier-Kusser et al., 1989). Foi referido que os IPOs activam os transportadores de glucose (GluTs), promovendo assim a captação de glucose pelas células (de Groot et al., 1990). Os IPO podem contribuir até 50% do efeito máximo da insulina no transporte da glicose e podem também estimular a atividade de certas enzimas, incluindo a piruvato desidrogenase, as enzimas-chave do ciclo do ácido cítrico (Obermaier-Kusser et al., 1989). Tem um efeito sinérgico com a insulina e promove a atividade da glicose quando os níveis de insulina estão abaixo do ideal, mas não altera o efeito de pico (Obermaier-Kusser et al., 1989). Também foi isolado da Actovegina um oligossacárido sulfatado fortemente carregado negativamente, com um peso molecular de aproximadamente 3000 Daltons, que é diferente da fração IPO referida por outros estudos

(Schoenwald et al., 1991). Esta fração tem um efeito semelhante ao do IPO, mas com menor eficácia.

O Actovegin tem um efeito sinérgico na proliferação celular *in vivo* com o fator de crescimento epidérmico (EGF), o fator básico de crescimento dos fibroblastos (bFGF) e o fator de crescimento das células endoteliais (ECGF), causando um aumento do número de células, um aumento da atividade da fosfatase ácida e um nível melhorado de incorporação de timidina em comparação com os controlos (Schoenwald et al., 1991). Estes efeitos são resistentes à digestão pela proteinase K, pelo que é pouco provável que os compostos activos do Actovegin sejam factores de crescimento ou os seus fragmentos derivados (Schoenwald et al., 1991). Os efeitos nutritivos triviais da Actovegina foram excluídos, uma vez que uma mistura do mesmo nível de aminoácidos e substratos não estimulou a proliferação nem teve uma atividade semelhante à da insulina *in vivo* (Schoenwald et al., 1991).

Actovegin na cicatrização de feridas

Neinhardt et al, observaram que o tratamento com Actovegin® leva ao encerramento da ferida aproximadamente 2 dias mais cedo em comparação com os controlos. Mochida et al. testaram a influência do Actovegin® na resistência à tração de um músculo abdominal incisado em animais; concluíram que o Actovegin® apoia significativamente a cicatrização de feridas (Mochida et al., 1989).

A cicatrização de feridas depende fortemente da capacidade das células individuais de migrarem para a área da ferida e da replicação dessas células. Por conseguinte, vários estudos investigaram os efeitos estimulantes da migração da Actovegin® em ensaios de cultura de células. Miltenburger et al. avaliaram a influência do Actovegin® nas funções dos fibroblastos e queratinócitos e concluíram que a migração celular foi afetada de forma muito significativa pela adição de Actovegin® isoladamente, e ainda mais estimulada pela coadministração de Actovegin® e TGF-p (Miltenburger et al., 1994).
Além disso, o crescimento dos queratinócitos foi claramente aumentado na presença de Actovegin® , daí as possibilidades tróficas do tecido para reconstruir ativamente a integridade do tecido.

Actovegin afecta igualmente a integridade funcional e a atividade das células imunitárias que melhoram a remodelação dos tecidos e, por conseguinte, a cicatrização de feridas. Exerce efeitos significativos nos monócitos humanos cultivados in vitro na presença de soro humano. Spessotto et al. prepararam monócitos a partir de culturas revestidas com tampão e analisaram culturas em monocamada ao microscópio para determinar a morfologia e a densidade celular, bem como o teor de proteínas

(Spessotto et al., 1993). A densidade celular aumentou em todas as concentrações de Actovegin® aplicadas, bem como o teor de proteínas celulares. O Actovegin® actuou parcialmente como substituto do soro sanguíneo, favorecendo a sobrevivência e a diferenciação dos monócitos em cultura (Spessotto et al., 1993).

Os danos induzidos pela radiação nas células e nos tecidos têm sido considerados como um teste crucial para a ação protetora e de apoio de muitas substâncias farmacologicamente activas diferentes. O Actovegin® foi estudado relativamente aos efeitos da radiação em animais e exerceu efeitos positivos.

Bauer e Locker investigaram os efeitos do Actovegin® na sobrevivência de ratinhos que foram irradiados com uma dose letal de radiação gama (Bauer e Locker, 1974). A aplicação de Actovegin® conduziu a uma melhor sobrevivência dependente da concentração dos animais tratados com Actovegin® após 30 dias de irradiação. Barth e colegas examinaram a dependência temporal da injeção de Actovegin® em relação aos danos produzidos pela irradiação. Os resultados revelaram um momento ótimo para a injeção de três horas após a irradiação. O tratamento profilático com Actovegin® durante 6 dias consecutivos antes da radiação não revelou quaisquer efeitos preventivos do Actovegin® . Num estudo semelhante, Basu et al. examinaram os efeitos radioprotectores de Actovegin® em ratos adultos (Basu et al., 1985); enquanto os animais de controlo morreram no prazo de 30 dias, os ratos tratados com Actovegin® 1 hora antes da irradiação tiveram uma taxa de sobrevivência estatisticamente significativa mais elevada, tal como já descrito no estudo de Bauer e Locker, confirmando assim os seus resultados (Bauer e Locker, 1974). Em contrapartida, Tamou e Trott descreveram descobertas sobre a ocorrência de úlceras induzidas por radiação no reto de ratos, em que os resultados no grupo do Actovegin® não diferiram das condições de controlo (Tamou e Trott, 1994).

Sigdestad e colegas demonstraram os efeitos intracelulares de Actovegin® em células irradiadas em cultura (Sigdestad et al., 1988). Embora não tenha havido diferença na sobrevivência celular in vitro, as células tratadas com Actovegin® exibiram muito menos quebras de ADN de cadeia simples em comparação com as células de controlo. Este facto também apoiou os efeitos descritos anteriormente que apontavam para um efeito benéfico do Actovegin® na sobrevivência celular, também ao nível do núcleo celular.

É provável que Actovegin tenha efeitos estabilizadores da membrana nas células isquémicas. Isto pode dever-se à presença de oligossacáridos com carga negativa, deslocando as células na direção dos substratos oxidados. No período imediatamente após a isquémia, estes factores podem contribuir para a recuperação celular. As propriedades sinérgicas da insulina e dos factores de crescimento podem também ser benéficas e tornar o período inicial de recuperação mais eficiente. Por conseguinte, presume-se que Actovegin seja útil em distúrbios circulatórios e eventos pós-isquémicos.

Relatórios clínicos indiretamente relacionados com lesões musculares

Embora os ingredientes activos do Actovegin ainda não tenham sido identificados, muitos estudos clínicos indicaram a sua segurança e eficácia. Foi relatado um caso de uma possível reação anafiláctica relacionada com a utilização de injecções intravenosas de Actovegin por um ciclista amador. Neste relatório, o diagnóstico de "reação anafiláctica" não foi confirmado com qualquer teste bioquímico e o doente melhorou com antibióticos de largo espetro. O autor declarou posteriormente na carta de comunicação que este doente já tinha utilizado Actovegin por via intravenosa uma vez sem qualquer reação adversa, pelo que é improvável uma reação anafilática. No entanto, é possível que a primeira utilização de Actovegin tenha preparado as células imunitárias para reagirem de forma grave após a segunda administração ou administrações subsequentes. Como o doente melhorou com antibióticos de largo espetro, a causa mais provável para este choque agudo deveu-se a contaminação bacteriana durante a injeção e não a uma reação anafiláctica ao medicamento (Maillo, 2008).

Pforringer et al, num estudo de centro único, duplamente cego e controlado por placebo, com 60 atletas recreativos, demonstrou que a injeção de Actovegin no para-tendão guiada por ultra-sons foi eficaz no tratamento da tendinite de Aquiles (Pforringer et al., 1994). A medida da secção transversal do tendão foi reduzida significativamente ($p<0,0001$), a atividade física dos pacientes e a perceção da dor também melhoraram ($p<0,002$) no grupo de tratamento (Pforringer et al., 1994). O resultado clínico global, que é medido pela pontuação de satisfação do doente, foi significativamente melhor no grupo Actovegin ($p<0,0001$) e não foram registados quaisquer eventos adversos neste estudo (Pforringer et al., 1994). Embora se trate de um estudo de escala relativamente pequena com poder limitado, é um estudo bem conduzido que foi incluído numa revisão da Cochrane.

Ziegler et al., 2009, relataram um estudo de controlo aleatório multicêntrico e em dupla ocultação com 567 doentes com diabetes tipo 2, em que 281 doentes foram tratados com 20 infusões intravenosas diárias de altas doses de Actovegin, seguidas de 1800 mg de Actovegin diariamente durante 120 dias no tratamento da polineuropatia diabética sintomática, em comparação com placebo (Ziegler et al., 2009). O Total Symptom Score (TSS) dos membros inferiores, o limiar de perceção de vibração (VPT), o Neuropathy Impairment Score of the Lower Limbs (NIS-LL) e a qualidade de vida (SF-36) foram utilizados como medidas de resultados relatados pelos doentes, que mostraram diferenças estatisticamente significativas em comparação com o placebo e as pontuações de base ($p<0,05$). Além disso, não foram notificadas reacções anafilácticas com este estudo após

5.620 infusões e o perfil de efeitos adversos não foi diferente em comparação com o placebo (Ziegler et al., 2009).

Resumo

Existem muitos estudos que confirmam a segurança e a eficácia de Actovegin. É evidente que o Actovegin é benéfico para as células isquémicas e para a cicatrização de feridas. No próximo capítulo, será discutida a utilização de Actovegin em lesões musculares e o seu estatuto legal junto dos organismos reguladores.

Capítulo 6
Utilização de Actovegin nas lesões musculares e legalidade

O Actovegin® tem recebido muita atenção dos meios de comunicação social nos últimos anos, especialmente em torno da sua utilização na medicina desportiva. Em 2009, um médico desportivo foi preso com esta "droga que melhora o desempenho", enquanto um editorial numa revista de medicina desportiva questionava fortemente a base de provas para a utilização deste medicamento no tratamento de lesões musculares agudas (Franklyn-Miller et al., 2011). Há também um relatório que sugere que o Actovegin pode ter induzido um choque anafilático num ciclista (Maillo, 2008). No entanto, existem também bons resultados de segurança de um grande ensaio de controlo aleatório multicêntrico (Ziegler et al., 2009). No entanto, o Actovegin foi objeto de muita publicidade e existem também muitas crenças anedóticas em torno deste medicamento (Franklyn-Miller et al., 2011). Atualmente,

O Actovegin não consta da lista de substâncias proibidas da Agência Mundial Antidopagem (AMA, acesso em 21 de agosto de 2012). No entanto, muitos atletas, treinadores e médicos ainda têm reservas quanto à sua utilização na medicina desportiva. Nesta secção, são discutidas as provas do papel potencial da Actovegina na medicina desportiva.

Evidências sobre Actovegin® em lesões musculares

O tratamento das rupturas musculares com Actovegin intramuscular foi publicado pela primeira vez por Pfister e Koller em 1990 (Pfister e Koller, 1990). O seu estudo de caso-controlo parcialmente cego com 103 doentes mostrou uma redução do tempo de recuperação no grupo tratado de 5,5 semanas, em comparação com 8,3 semanas no grupo de controlo (Pfister e Koller, 1990). No entanto, neste estudo, foram recrutados doentes de vários desportos e níveis competitivos e o regime de tratamento e o protocolo de reabilitação não foram normalizados. O diagnóstico de lesão muscular baseou-se apenas nos achados clínicos e não foi classificado de acordo com a RM. O Actovegin foi misturado com anestésicos locais antes da injeção, pelo que a sua farmacodinâmica e farmacocinética foram alteradas. O regime de tratamento neste estudo não foi padronizado; o número de injecções variou entre 3-8 e os resultados finais basearam-se nas observações subjectivas dos doentes e de vários clínicos, não havendo dados anteriores à lesão para comparar os resultados. Apesar das limitações do estudo, este é o primeiro estudo publicado sobre a sua utilização como injeção intramuscular no tratamento de lesões musculares e não foram relatados quaisquer eventos adversos neste trabalho. Desde Pfister e Koller (1990), não houve qualquer relatório publicado na literatura médica sobre a utilização de Actovegin em lesões musculares até Wright-Carpenter et al em 2004. Neste pequeno estudo não aleatório, o soro autólogo condicionado (ACS) foi comparado com o Actovegin. O grupo Actovegin neste estudo foi criado pela análise retrospetiva do estudo de Pfister e Koller; por conseguinte, não deve ser visto como uma nova evidência.

Ziegler et al (2009) relataram um estudo de controlo aleatório multicêntrico, em dupla ocultação, com 567 doentes diabéticos tratados com Actovegin para neuropatias diabéticas, que foi discutido acima (Ziegler et al., 2009). Embora as avaliações musculares não fossem o objetivo primário deste estudo, foram medidas como um objetivo secundário para monitorizar a progressão do tratamento. Não houve diferença significativa na taxa de eventos adversos em comparação com o placebo; Actovegin não melhorou a força muscular ($p = 0,731$) ou o reflexo muscular ($p = 0,571$) (Ziegler et al., 2009). Por conseguinte, é razoável concluir que o Actovegin é um medicamento seguro e não tem efeitos anabólicos ou crgogénicos nos músculos.

Estatuto jurídico

Para além das suas propriedades clínicas, existem crenças anedóticas entre os atletas de que o Actovegin® possui uma capacidade de transporte de oxigénio e tem o potencial de aumentar a absorção de oxigénio, o que conduz a um melhor desempenho. Embora estas alegações não se baseiem em quaisquer provas científicas objectivas ou em relatórios clínicos publicados, o COI anunciou, em dezembro de 2000, que o Actovegin estava proibido ao abrigo da classificação de agentes dopantes sanguíneos. No entanto, dois meses mais tarde, o COI levantou a proibição por não existirem provas de que o Actovegin melhora efetivamente o desempenho (Tsitsimpikou et al., 2009). Até à data, não foram realizados quaisquer estudos relacionados com o desporto ou testes de desempenho com este medicamento em indivíduos saudáveis. Atualmente, a utilização intramuscular de Actovegin não é proibida dentro ou fora de competição em qualquer desporto, de acordo com a última pesquisa (2010) no Global Drug Reference Online (Global DRO), que é aprovado pela UK Anti-Doping (UKAD), pelo Canadian Centre for Ethics in Sport (CCES), pela United States Anti-Doping Agency (USADA) e pela

WADA (WADA, Accessed 21st August, 2012). De acordo com a última lista de substâncias proibidas da AMA de 2011, o Actovegin não é proibido em nenhum desporto. No entanto, a AMA emitiu orientações específicas sobre o Actovegin no seu sítio Web. De acordo com a secção M2 do código da AMA, o volume da injeção intravenosa de qualquer substância não proibida não deve exceder 50 ml com uma seringa simples e as injecções em série devem ter um intervalo mínimo de 6 horas (AMA, acesso em 21 de agosto de 2012). Por conseguinte, deve ser claramente referido aqui que o Actovegin® não pode ser administrado por infusão intravenosa ou injeção intravenosa única com um volume superior a 50 ml.

Capítulo 7
Investigação futura em Actovegin

Tal como referido nos capítulos anteriores, as lesões musculares são lesões muito comuns relacionadas com o desporto. Estas resultam numa morbilidade significativa e na perda de tempo de treino e de competição. Recentemente, surgiram no mercado muitas novas opções potenciais de tratamento. O plasma rico em plaquetas (PRP) e o Actovegin têm atraído um interesse significativo na medicina desportiva. Embora as provas sejam limitadas para ambas as substâncias, o PRP recebeu muitas das chamadas opiniões de peritos e o COI encorajou a sua utilização (Engebretsen et al., 2010). Por outro lado, o Actovegin tem sido olhado com um holofote "colorido".

Tal como nos capítulos anteriores, foram discutidas as limitações dos estudos relativos ao PRP, para além de existirem muitos métodos de produção do chamado "PRP". A concentração de plaquetas e factores de crescimento no PRP varia consoante os métodos de preparação e a marca do equipamento; também varia consoante a bioquímica sanguínea e o estado de hidratação de cada indivíduo.
Por conseguinte, é impossível normalizar o tratamento e comparar os resultados entre os estudos.

Em termos do regime de injeção do Dr. Mueller-Wohlfahrt, o Actovegin é misturado com Traumeel e anestésicos locais para injeção, pelo que a propriedade bioquímica, a farmacodinâmica e a farmacocinética de cada medicamento são alteradas e imprevisíveis. Embora seja possível que uma mistura de quantidades específicas destes fármacos produza os efeitos terapêuticos desejados, não é prático investigar cientificamente este efeito, uma vez que o efeito de cada uma das substâncias é desconhecido. Como demonstrado na revisão da literatura nos capítulos anteriores, o Actovegin é um fármaco com 60 anos de experiência, sendo benéfico para as células isquémicas e para a cicatrização de feridas. A fim de evitar o carácter imprevisível da polifarmácia, deve ser utilizado apenas o Actovegin.

Como discutido em capítulos anteriores, o Actovegin é um medicamento que tem bons resultados publicados no tratamento de algumas condições médicas, mas a sua utilização no tratamento de lesões musculares é limitada. Nenhum estudo relatou a sua utilização como agente único no tratamento de lesões musculares. O Actovegin contém componentes fisiológicos, electrólitos e oligoelementos essenciais (Nycomed). Os ingredientes activos desta mistura ainda não foram identificados. Para garantir o controlo de qualidade do medicamento, será estabelecida uma pegada bioquímica e o Actovegin será testado por lotes em função desta norma.

Os eventos bioquímicos que se seguem às lesões e à reparação do músculo esquelético são impulsionados por citocinas, monócitos e leucócitos; a velocidade e a qualidade da cicatrização muscular dependem do processo inflamatório. Como demonstrado na revisão da literatura, para alterar a velocidade ou a qualidade da reparação muscular, a substância deve ser capaz de modular o processo inflamatório.

Os macrófagos têm sido tradicionalmente vistos como necrófagos envolvidos apenas na remoção de resíduos necróticos, no entanto, estudos recentes sugerem que também podem ter um papel ativo na promoção da regeneração muscular (Garrett, 1996, Grefte et al., 2010, Jarvinen et al., 2000). Estudos recentes sugerem que existem duas subpopulações distintas de macrófagos sequencialmente envolvidas neste processo (Garrett, 1996, Grefte et al., 2010, Jarvinen et al., 2000). Os macrófagos "fagocíticos" invasores iniciais (CD68+), caracterizados pela expressão dos marcadores de superfície celular CD68 e sem o marcador CD163, atingem uma concentração mais elevada no músculo danificado cerca de 24 horas após o início da lesão e, em seguida, diminuem rapidamente (Figura 5). Esses macrófagos CD68+ são fagócitos pró-inflamatórios que secretam citocinas inflamatórias, como TNF **a** e IL-1, e são responsáveis pela remoção de detritos necróticos. Após 48 horas, uma segunda subpopulação de macrófagos "não fagocíticos" (CD163+), caracterizada pela expressão do marcador de superfície CD163 e sem o marcador CD68, é então encontrada e atinge um pico no dia 4 após a lesão inicial (Figura 5). Este subgrupo CD163+ apresenta uma propriedade anti-inflamatória e segrega citocinas, como a IL-10, que contribui para o fim da inflamação (Garrett, 1996, Grefte et al., 2010, Jarvinen et al., 2000). Por conseguinte, a investigação futura deve centrar-se no efeito da Actovegina no processo inflamatório, especialmente no subgrupo de macrófagos CD163, CD68. A actovegina pode modular o processo de cicatrização muscular ao afetar o processo inflamatório.

Não foi efectuado qualquer estudo para investigar o efeito da Actovegina no processo inflamatório. Estudos futuros devem centrar-se no papel bioquímico da Actovegina no processo inflamatório agudo após lesões musculares. Além disso, não foram efectuados quaisquer estudos clínicos que relatem a utilização de Actovegin como agente único no tratamento de lesões musculares agudas. O autor sugere a realização de futuros estudos clínicos para investigar a eficácia da Actovegina como protocolo de tratamento de agente único.

A medicina é uma forma de ciência e também uma arte. O médico deve processar as provas (independentemente da forma que assumam) com um espírito aberto. Este livro resume as provas actuais sobre Actovegin, embora as provas sejam limitadas. Não há provas de que o Actovegin possa melhorar o desempenho dos atletas, mas tem certamente potencial para ser utilizado em lesões musculares. Não devem ser tiradas conclusões prematuras com base em provas limitadas. Deve ser encorajada mais investigação para investigar os efeitos do Actovegin nas lesões musculares.

Referência:

ABRAMSON, S. B. & WEISSMANN, G. 1989. The mechanisms of action of nonsteroidal antiinflammatory drugs. *Arthritis & Rheumatism,* 32, 1-9.

ALMEKINDERS, L. C. & GILBERT, J. A. 1986. Healing of experimental muscle strains and the effects of nonsteroidal antiinflammatory medication. *The American Journal of Sports Medicine,* 14, 303-308.

APPIAH, A. K. 2002. Tratamento da hemorragia pós-parto primária grave com um hemodialisado desproteinizado. *International Journal of Gynecology and Obstetrics*, 76(1)(pp 75-76), 2002.

ASKLING C, K. J. T. A. 2003. Ocorrência de lesões nos isquiotibiais em jogadores de futebol de elite após treino de força de pré-temporada com sobrecarga excêntrica. *Scandinavian journal of medicine & science in sports,* 13, 244-50.

BARLAS, D., HOMAN, C. S. & THODE, H. C., JR. 1996. Comparação da temperatura do tecido in vivo da crioterapia com e sem compressão externa. *Annals of emergency medicine,* 28, 436-9.

BASU, S. K., SRINIVASAN, M. N., CHUTTANI, K. & GHOSE, A. 1985. Evaluation of some radioprotectors by the survival study of rats exposed to lethal dose of whole body gamma radiation. *Journal of radiation research,* 26, 395-403. BAUER, D. & LOCKER, A. 1974. The radioprotective effect of solcoseryl. *Experientia,* 30, 643.

BEETZ, A., MACHICAO, F., RIED, C., RUZICKA, T. & MICHEL, G. 1996. Efeitos radioprotectores de um hemodialisado sem proteínas na epiderme humana. *Skin Pharmacology*, 9(3)(pp 197-202), 1996.

BENNELL, K., WAJSWELNER, H., LEW, P., SCHALL-RIAUCOUR, A., LESLIE, S., PLANT, D. & CIRONE, J. 1998. Isokinetic strength testing does not predict hamstring injury in Australian Rules footballers. *Br J Sports Med,* 32, 309314.

BILAND, L., HURLIMANN, F., GOOR, W., KORNER, W. F., KUNDIG, A., MADAR, G., WIDMER, L. K. & ZIEGLER, W. J. 1985. Treatment of venous ulcers a multi-center randomized double-blind study. *Vasa,* 14, 383-389.

BLEAKLEY, C., MCDONOUGH, S. & MACAULEY, D. 2004. The use of ice in the treatment of acute soft-tissue injury: a systematic review of randomized controlled trials. *The American journal of sports medicine,* 32, 251-61.

BLEAKLEY, C. M., GLASGOW, P. & WEBB, M. J. 2012. Arrefecimento de uma lesão muscular aguda: pode a teoria científica básica traduzir-se no contexto clínico? *British journal of sports medicine,* 46, 296-8.

BOYARINOV, G. A., MUKHINA, I. V., PENKNOVICH, A. A., SNOPOVA, L. B., ZIMIN, Y. V., BALANDINA, M. V., RADAEV, A. M., SKVORTSOVA, I. E. & PRODANETS, N. N. 1998. Efeitos da actovegina no sistema nervoso central durante o período pós-isquémico. *Boletim de Biologia Experimental e Medicina,* 126, 993-996.

BUCHMAYER, F., PLEINER, J., ELMLINGER, M. W., LAUER, G., NELL, G. & SITTE, H. H. 2011. Actovegin(R): um medicamento biológico há mais de 5 décadas. *Wiener medizinische Wochenschrift,* 161, 80-8.

BURKETT, L. N. 1970. Factores causais das distensões dos isquiotibiais. *Med Sci Sports,* 2, 39-42.

CHANH, P. H., CHANH, A. P., BASILE, J. P., NAVARRO, C. & NGUYEN, V. T. 1980. Atividade cardiovascular de um extrato de sangue desproteinizado. *ArzneimittelForschung,* 30, 1874-7.

CHARLESWORTH, D., HARRIS, P. L. & PALMER, M. K. 1975. Intra-arterial infusion of Solcoseryl: a clinical trial of a method of treatment for pre-gangrene of the lower limb. *British Journal of Surgery,* 62, 337-339.

CHEUNG, E. V. & TIDBALL, J. G. 2003. A administração do anti-inflamatório não esteroide ibuprofeno aumenta as concentrações de macrófagos mas reduz a necrose durante o uso modificado do músculo.

CIBULKA, M. T., ROSE, S. J., DELITTO, A. & SINACORE, D. R. 1986. Hamstring

Muscle Strain Treated by Mobilizing the Sacroiliac Joint. *PHYS THER,* 66, 1220-1223.
CROMPTON, S. 2006. O homem mais temido do futebol. *The Times,* 3 de junho de 2006.
DE GROOT, H., BRECHT, M. & MACHICAO, F. 1990. Evidence for a fator protective against hypoxic liver parenchymal cell injury in a protein-free blood extract. *Research Communications in Chemical Pathology & Pharmacology,* 68, 125-8.
DEREV'YANNYKH, E. A., BEL'SKAYA, G. N., KNOLL, E. A., KRYLOVA, L. G. & POPOV, D. V. 2008. Experiência no uso de actovegin no tratamento de pacientes com distúrbios cognitivos no período agudo do AVC. *Neurociência e Fisiologia Comportamental,* 38, 873-875.
DRAPER, D. O., SCHULTHIES, S., SORVISTO, P. & HAUTALA, A. M. 1995. Alterações de temperatura em músculos profundos de humanos durante terapias com gelo e ultrassom: um estudo in vivo. *The Journal of orthopaedic and sports physical therapy,* 21, 153-7.
EKSTRAND, J., HAGGLUND, M. & WALDEN, M. 2011. Epidemiologia das lesões musculares no futebol profissional (soccer). *Revista americana de medicina desportiva,* 39, 1226-32.
EKSTRAND, J., HEALY, J. C., WALDEN, M., LEE, J. C., ENGLISH, B. & HAGGLUND, M. 2012. Lesões musculares do isquiotibiais no futebol profissional: a correlação dos achados da ressonância magnética com o retorno ao jogo. *Jornal britânico de medicina desportiva,* 46, 112-7.
ENGEBRETSEN, L., STEFFEN, K., ALSOUSOU, J., ANITUA, E., BACHL, N., DEVILEE, R., EVERTS, P., HAMILTON, B., HUARD, J., JENOURE, P., KELBERINE, F., KON, E., MAFFULLI, N., MATHESON, G., MEI-DAN, O., MENETREY, J., PHILIPPON, M., RANDELLI, P., SCHAMASCH, P., SCHWELLNUS, M., VERNEC, A. & VERRALL, G. 2010. Documento de consenso do COI sobre a utilização de plasma rico em plaquetas na medicina desportiva. *Jornal britânico de medicina desportiva,* 44, 1072-81.
FRANKLYN-MILLER, A., ETHERINGTON, J. & MCCRORY, P. 2011. Medicina desportiva e do exercício - especialistas ou vendedores de óleo de cobra? *British Journal of Sports Medicine,* 45, 83-4.
GARRETT, W. E., JR. 1996. Lesões por distensão muscular. *The American journal of sports medicine,* 24, S2-8.
GATES, C. & HUARD, J. 2005. Management of Skeletal Muscle Injuries in Military Personnel. *Técnicas Operatórias em Medicina Desportiva,* 13, 247-256. GREFTE, S., KUIJPERS-JAGTMAN, A. M., TORENSMA, R. & VON DEN HOFF, J. W. 2010. Modelo de regeneração muscular em torno de lesões fibróticas em lesões por estiramento recorrente. *Medicina e ciência no desporto e no exercício,* 42, 813-9.
GREGORIO, C. C. & ANTIN, P. B. 2000. To the heart of myofibril assembly. *Tendências em biologia celular,* 10, 355-62.
HOYER, S. & BETZ, K. 1989. Eliminação do défice energético pós-isquémico retardado no córtex cerebral e no hipocampo de ratos idosos com um extrato de sangue seco e desproteinizado (Actovegin®). *Archives of Gerontology and Geriatrics,* 9, 181-192.
HUGHES, P. D., POLKEY, M. I., KYROUSSIS, D., HAMNEGARD, C. H., MOXHAM, J. & GREEN, M. 1998. Measurement of sniff nasal and diaphragm twitch mouth pressure in patients. *Thorax,* 53, 96-100.
JARVINEN, T. A., KAARIAINEN, M., JARVINEN, M. & KALIMO, H. 2000. Muscle strain injuries. *Curr Opin Rheumatol,* 12, 155-61.
K, K. 1989. Crioterapia no tratamento de lesões desportivas. *Int Perspect Physiother,* 4, 163 - 185.
KASEMKIJWATTANA, C., MENETREY, J., BOSCH, P., SOMOGYI, G., MORELAND, M. S., FU, F. H., BURANAPANITKIT, B., WATKINS, S. S. & HUARD, J. 2000. Utilização de factores de crescimento para melhorar a cicatrização muscular após lesão por esforço. *Clinical orthopaedics and related research,* 272-85.
KELLY, K. L., MERIDA, I., WONG, E. H. A., DICENZO, D. & MATO, J. M. 1987. Um fosfo-oligossacárido imita o efeito da insulina para inibir a fosforilação dependente de

isoproterenol da fosfolípido metiltransferase em adipócitos isolados. *Journal of Biological Chemistry,* 262, 15285-15290.
KHOMUTOV, V. A., PANTELEEV, A. V., SHCHEGOLEV, A. V., KOTOV, V. I., KHOMUTOV, V. A., PANTELEEV, A. V., SHCHEGOLEV, A. V. & KOTOV, V. I. 1999. [Terapia intra-arterial regional prolongada no tratamento multimodal de pacientes com trauma esquelético grave]. *Anesteziologiia i Reanimatologiia*, 19-22.
KJAER, M. & BAYER, M. 2011. A utilização de plasma rico em plaquetas na medicina desportiva: uma solução rápida ou médicos em terreno ético instável? *Scandinavian journal of medicine & science in sports,* 21, 493-5.
KL, K. 1976. Efeitos da hipotermia sobre a inflamação e o inchaço. *J Athletic Train* 11, 7-10.
KUJALA, U. M., ORAVA, S. & JARVINEN, M. 1997. Lesões dos isquiotibiais. Tendências actuais no tratamento e prevenção. *Sports Med,* 23, 397-404.
KUNINAKA, T., SENGA, Y., SENGA, H. & WEINER, M. 1991. Natureza do aumento do metabolismo oxidativo mitocondrial por um extrato de sangue de vitelo. *Journal of Cellular Physiology,* 146, 148-155.
LEVINE, W. N., BERGFELD, J. A., TESSENDORF, W. & MOORMAN, C. T., 3º 2000. Intramuscular corticosteroid injection for hamstring injuries. Uma experiência de 13 anos na Liga Nacional de Futebol Americano. *The American journal of sports medicine,* 28, 297-300.
LIEMOHN, W. 1978. Factores relacionados com as distensões dos isquiotibiais. *J Sports Med Phys Fitness,* 18, 71-6.
LINKE, W. A., RUDY, D. E., CENTNER, T., GAUTEL, M., WITT, C., LABEIT, S. & GREGORIO, C. C. 1999. I-band titin in cardiac muscle is a three- element molecular spring and is critical for maintaining thin filament structure. *The Journal of cell biology,* 146, 631-44.
LIPSCOMB, A. B., THOMAS, E. D. & JOHNSTON, R. K. 1976. Treatment of myositis ossificans traumatica in athletes. *The American journal of sports medicine,* 4, 111-20.
LUTHER, P. K. 2000. Three-dimensional structure of a vertebrate muscle Z- band: implications for titin and alpha-actinin binding. *Journal of structural biology,* 129, 1-16.
MACAULEY, D. 2001. Os manuais escolares estão de acordo quanto aos seus conselhos sobre o gelo? *Jornal clínico de medicina desportiva: jornal oficial da Academia Canadiana de Medicina Desportiva,* 11, 67-72.
MAILLO, L. 2008. Choque anafilático com falência multiorgânica num ciclista após administração intravenosa de actovegina. *Annals of Internal Medicine*, 148(5)(pp 407), 2008.
MALAKER, K. & SELLWOOD, R. A. 1970. Effect of Solcoseryl on the survival of skin-grafts and the healing of donor sites in rats. *British Journal of Surgery,* 57, 221-222.
MEEUSEN, R. & LIEVENS, P. 1986. The use of cryotherapy in sports injuries. *Sports medicine,* 3, 398-414.
MEHALLO, C. J., DREZNER, J. A. & BYTOMSKI, J. R. 2006. Practical management: nonsteroidal antiinflammatory drug (NSAID) use in athletic injuries. *Revista clínica de medicina desportiva: revista oficial da Academia Canadiana de Medicina Desportiva,* 16, 170-4.
MERRICK, M. A., KNIGHT, K. L., INGERSOLL, C. D. & POTTEIGER, J. A. 1993. The effects of ice and compression wraps on intramuscular temperatures at various depths. *Journal of athletic training,* 28, 236-45.
MILTENBURGER, H. G., BASCHONG, W., HORNER, V. & MARX, G. 1994. Efeitos cooperativos in vitro nas funções dos fibroblastos e queratinócitos relacionados com a cicatrização de feridas pelo fator de crescimento transformador beta e uma fração de baixo peso molecular do sangue hemolisado. *Arzneimittel-Forschung,* 44, 872-6.
MISHRA, D. K., FRIDEN, J., SCHMITZ, M. C. & LIEBER, R. L. 1995. Antiinflammatory medication after muscle injury: Um tratamento que resulta numa melhoria a curto prazo, mas subsequente perda da função muscular. *Journal of Bone & Joint Surgery American Volume,* 77, 1510-1519.

MOCHIDA, S., OGATA, I., OHTA, Y., YAMADA, S. & FUJIWARA, K. 1989. Avaliação in situ do estado de estimulação dos macrófagos hepáticos com base na sua capacidade de produzir aniões superóxido em ratos. *The Journal of pathology,* 158, 67-71. MOELLER, J. L., MONROE, J. & MCKEAG, D. B. 1997. Paralisia do nervo peroneal comum induzida por crioterapia. *Clinical journal of sport medicine : jornal oficial da Academia Canadiana de Medicina Desportiva,* 7, 212-6.
NOONAN, T. J. & GARRETT, W. E., JR. 1999. Lesões por distensão muscular: diagnóstico e tratamento. *J Am Acad Orthop Surg,* 7, 262-269.
NYCOMED Informações do sítio Web oficial da Nycomed sobre o Actoveign
O'TOOLE, G. & RAYATT, S. 1999. Frostbite at the gym: a case report of an ice pack burn. *British journal of sports medicine,* 33, 278-9.
OBERMAIER-KUSSER, B., MUHLBACHER, C., MUSHACK, J., SEFFER, E., ERMEL, B., MACHICAO, F., SCHMIDT, F. & HARING, H. U. 1989. Further evidence for a two-step model of glucose-transport regulation. Inositol phosphateoligosaccharides regulate glucose-carrier activity. *Biochemical Journal,* 261(3)(pp 699-705), 1989.
OBREMSKY, W. T., SEABER, A. V., RIBBECK, B. M. & GARRETT, W. E., JR. 1994. Biomechanical and histologic assessment of a controlled muscle strain injury treated with piroxicam. *American Journal of Sports Medicine,* 22, 558-561.
ORCHARD, J. & BEST, T. M. 2002. The management of muscle strain injuries: an early return versus the risk of recurrence. *Jornal clínico de medicina desportiva: jornal oficial da Academia Canadiana de Medicina Desportiva,* 12, 3-5.
ORCHARD, J., MARSDEN, J., LORD, S. & GARLICK, D. 1997. Fraqueza muscular dos isquiotibiais antes da época associada a lesões musculares dos isquiotibiais em futebolistas australianos. *Am J Sports Med,* 25, 81-5.
ORCHARD, J. W., BEST, T. M., MUELLER-WOHLFAHRT, H. W., HUNTER, G., HAMILTON, B. H., WEBBORN, N., JAQUES, R., KENNEALLY, D., BUDGETT, R., PHILLIPS, N., BECKER, C. & GLASGOW, P. 2008a. A gestão precoce das distensões musculares no atleta de elite: Melhores práticas num mundo com uma base de provas limitada. *British Journal of Sports Medicine,* 42(3)(pp 158-159), 2008.
ORCHARD, J. W., BEST, T. M., MUELLER-WOHLFAHRT, H. W., HUNTER, G., HAMILTON, B. H., WEBBORN, N., JAQUES, R., KENNEALLY, D., BUDGETT, R., PHILLIPS, N., BECKER, C. & GLASGOW, P. 2008b. A gestão precoce das distensões musculares no atleta de elite: Melhores práticas num mundo com uma base de provas limitada. *British Journal of Sports Medicine,* 42, 158-159.
PAOLONI, J. A., MILNE, C., ORCHARD, J. & HAMILTON, B. 2009. Nonsteroidal anti-inflammatory drugs in sports medicine: guidelines for practical but sensible use. *British journal of sports medicine,* 43, 863-5.
PATON, R. W., GRIMSHAW, P., MCGREGOR, J. & NOBLE, J. 1989. Avaliação biomecânica dos efeitos de uma lesão significativa dos isquiotibiais: um estudo isocinético. *J Biomed Eng,* 11, 229-30.
PFISTER, V. A. & KOLLER, W. 1990. der frischen Muskelverletzung [Tratamento de lesões musculares recentes]. *Sportverletz Sportschaden,* 41-44. PFORRINGER, W., PFISTER, A. & KUNTZ, G. 1994. O tratamento da paratendinite de Aquiles: Results of a double-blind, placebo-controlled study with a deproteinized hemodialysate. *Clinical Journal of Sport Medicine,* 4(2)(pp 92-99), 1994.
RASK, M. R. & LATTIG, G. J. 1972. Fibrose traumática do músculo rectus femoris. Relato de cinco casos e tratamento. *JAMA: o jornal da Associação Médica Americana,* 221, 268-9.
REURINK, G., GOUDSWAARD, G. J., TOL, J. L., VERHAAR, J. A., WEIR, A. & MOEN, M. H. 2012. Intervenções terapêuticas para lesões agudas dos isquiotibiais: uma revisão sistemática. *Jornal britânico de medicina desportiva,* 46, 103-9.
REYNOLDS, J. F., NOAKES, T. D., SCHWELLNUS, M. P., WINDT, A. & BOWERBANK, P. 1995. Os anti-inflamatórios não esteróides não melhoram a cicatrização de lesões agudas dos isquiotibiais tratadas com fisioterapia. *South African medical journal = Suid-Afrikaanse tydskrif vir geneeskunde,* 85, 517-22. SCHNEIDER, C. 2011. Traumeel - uma opção emergente aos anti-inflamatórios não esteróides no tratamento de lesões

musculoesqueléticas agudas.
Revista internacional de medicina geral, 4, 225-34.
SCHOENWALD, D., SIXT, B., MACHICAO, F., MARX, E., HAEDENKAMP, G. & BERTSCH, S. 1991. O aumento da proliferação de células endoteliais coronárias em resposta a factores de crescimento é sinergizado por compostos de hemodialisado in-vitro. *Research in Experimental Medicine,* 191, 259-272.
SCHREIER, T., DEGEN, E. & BASCHONG, W. 1993. Migração e proliferação de fibroblastos durante a cicatrização de feridas in vitro. Uma comparação quantitativa entre vários factores de crescimento e um dialisado de sangue de baixo peso molecular utilizado na clínica para normalizar a cicatrização de feridas. *Investigação em Medicina Experimental,* 193, 195-205.
SHEN, W., LI, Y., TANG, Y., CUMMINS, J. & HUARD, J. 2005. NS-398, um inibidor específico da ciclo-oxigenase-2, atrasa a cicatrização do músculo esquelético ao diminuir a regeneração e promover a fibrose. *The American journal of pathology,* 167, 1105-17.
SIGDESTAD, C. P., WEBER DOAK, K. & GRDINA, D. J. 1988. Proteção diferencial de quebras de cadeia simples de DNA induzidas por radiação e sobrevivência celular por solcoseryl. *Experientia,* 44, 707-708.
SLAVOTINEK, J. P., VERRALL, G. M. & FON, G. T. 2002. Hamstring Injury in Athletes: Usando medições de imagens de RM para comparar a extensão da lesão muscular com a quantidade de tempo perdido na competição. *Am. J. Roentgenol,* 179, 1621-1628.
SPESSOTTO, P., DRI, P., BASCHONG, W., MITTENZWEI, H. & PATRIARCA, P. 1993. Effect of a protein-free dialysate from calf blood on human monocyte differentiation in vitro. *Arzneimittel-Forschung/Drug Research,* 43, 747-751.
TAIMELA, S., KUJALA, U. M., SALMINEN, J. J. & VILJANEN, T. 1997. The prevalence of low back pain among children and adolescents. A nationwide, cohort-based questionnaire survey in Finland. *Spine,* 22, 1132-6.
TAMOU, S. & TROTT, K. R. 1994. Modificação dos danos tardios causados pela radiação no reto de ratos por soro de sangue de vitelo desproteinizado (ActoHorm) e pentoxifilina (PTX). *Strahlentherapie und Onkologie : Organ der Deutschen Rontgengesellschaft ... [et al],* 170, 415-20.
THORSSON, O. 2001. [Terapia a frio de lesões atléticas. Revisão atual da literatura]. *Lakartidningen,* 98, 1512-3.
THORSSON, O., LILJA, B., NILSSON, P. & WESTLIN, N. 1997. Immediate external compression in the management of an acute muscle injury (Compressão externa imediata no tratamento de uma lesão muscular aguda). *Scandinavian journal of medicine & science in sports,* 7, 182-90.
TROTTER, J. A. 2002. Considerações sobre a estrutura-função das junções músculo-tendão. *Comparative biochemistry and physiology. Parte A, Molecular & integrative physiology,* 133, 1127-33.
TSITSIMPIKOU, C., TSIOKANOS, A., TSAROUHAS, K., SCHAMASCH, P., FITCH, K. D., VALASIADIS, D. & JAMURTAS, A. 2009. Medication use by athletes at the Athens 2004 Summer Olympic Games. *Jornal Clínico de Medicina Desportiva,* 19, 33-8.
VERRALL, G. M., SLAVOTINEK, J. P., BARNES, P. G., FON, G. T. & SPRIGGINS, A. J. 2001. Clinical risk factors for hamstring muscle strain injury: a prospective study with correlation of injury by magnetic resonance imaging. *Br J Sports Med,* 35, 435-439.
WADA Acedido em 21 de agosto de 2012. Lista de substâncias proibidas da Agência Mundial Antidopagem
http://www.wada-ama.org/en/prohibitedlist.ch2.
WOODS, C., HAWKINS, R. D., MALTBY, S., HULSE, M., THOMAS, A., HODSON, A. & FOOTBALL ASSOCIATION MEDICAL RESEARCH, P.
2004. The Football Association Medical Research Programme: an audit of injuries in professional football - analysis of hamstring injuries. *Jornal britânico de medicina desportiva,* 38, 36-41.
WOOLF, A. D. & PFLEGER, B. 2003. Burden of major musculoskeletal conditions (Carga das principais doenças músculo-esqueléticas). *Boletim da Organização Mundial de Saúde,*

81, 646-56. Epub: 2003 Nov 14.
WRIGHT-CARPENTER, T., KLEIN, P., SCHA FERHOFF, P., APPELL, H. J., MIR, L. M. & WEHLING, P. 2004. Tratamento de lesões musculares através da administração local de soro autólogo condicionado: Um estudo piloto em desportistas com distensões musculares. *International Journal of Sports Medicine,* 25, 588-593.
WU, H., NAYA, F. J., MCKINSEY, T. A., MERCER, B., SHELTON, J. M., CHIN, E. R., SIMARD, A. R., MICHEL, R. N., BASSEL-DUBY, R., OLSON, E. N. & WILLIAMS, R. S. 2000. MEF2 responde a múltiplos sinais regulados pelo cálcio no controlo do tipo de fibra muscular esquelética. *The EMBO journal,* 19, 196373.
ZEMKE, J. E., ANDERSEN, J. C., GUION, W. K., MCMILLAN, J. & JOYNER, A. B. 1998. Respostas da temperatura intramuscular na perna humana a duas formas de crioterapia: massagem com gelo e saco de gelo. *The Journal of orthopaedic and sports physical therapy,* 27, 301-7.
ZIEGLER, D., MOVSESYAN, L., MANKOVSKY, B., GURIEVA, I., ABYLAIULY, Z. & STROKOV, I. 2009. Tratamento da polineuropatia sintomática com actovegina em doentes diabéticos de tipo 2. *Diabetes Care,* 32, 1479-84.
ZILTENER, J. L., LEAL, S. & FOURNIER, P. E. 2010. Anti-inflamatórios não esteróides para atletas: uma atualização. *Annals of physical and rehabilitation medicine,* 53, 278-82, 282-8.
ZINK, W. & GRAF, B. M. 2004. Local anesthetic myotoxicity. *Regional anesthesia and pain medicine,* 29, 333-40.

Printed by Books on Demand GmbH, Norderstedt / Germany